휘트먼은 인간적인 면에서 가장 위대한 시인이었다. 그는 사실 유일한, 아니 적어도 최초의 '미국적인' 시인으로 불려야 할 것이다.

— 헤르만 헤세

영국문학을 통틀어 휘트먼과 같은 인물은 없다. 『풀잎』에 필적할 만한 작품이 영국에는 전혀 없다.

— 버지니아 울프

휘트먼이 '민주주의'라고 부르는 것은 본질적으로 '인간애'와 같은 말이다. 그 새로운 인간애를 일깨우는 일을 괴테 혼자서는 이루지 못했다. 그래서 휘트먼이 필요하다.

— 토마스 만

월트 휘트먼을 읽으라. 그는 진정한 낙관론자다. 그는 유해무익한 임시 진통제를 파는 직업적 낙관론자가 아니다.

— E. M. 포스터

휘트먼, 당신은 나의 몸을 간파하고 나의 영혼을 봅니다. 당신을 경배합니다. 위대한 해방자여.

— 페르난두 페소아

미국을 떠나기 전에 당신을 한 번 더 보고 싶습니다. 미국이라는 이 거대한 땅덩어리에서 제가 그토록 사랑하고 존경하는 사람은 또 없습니다.
— 오스카 와일드

독특하고 유별나고 고독한 개인적 자각에 이르는 돌파구를 연 휘트먼은 레닌그라드와 파리에서 상하이와 도쿄에 이르기까지 정신적인 민주주의의 혁명을 일으켰다.
— 앨런 긴즈버그

'동지(comrade)'들의 교제는 혁명적인 아메리칸 드림이며, 휘트먼은 이 꿈에 강력한 기여를 했다.
— 질 들뢰즈

나는 저 전기가 흐르는 몸을 노래한다. 휘트먼은 나의 아빠다.
— 라나 델 레이 〈보디 일렉트릭(Body Electric)〉

바다로 돌아가는 사랑

바다로 돌아가는 사랑

월트 휘트먼 시집 | 공진호 옮김

『풀잎(Leaves of Grass)』(1855)에 실린 월트 휘트먼 초상.

추천사

사랑에 대한 내밀한 고백

— 황인찬 시인

휘트먼의 시가 지향하는 것은 절대적인 자유와 그 자유 속에서 드높아지는 고귀한 정신이다. 그는 무엇보다 자유 안에서 우리 정신이 높아지리라는 것을 믿어 의심치 않았다. 그의 작품은 우리 삶에서 마주하는 다양한 삶의 풍경들을 수집하고, 그것들과 시인이 온몸으로 마주치고 난 뒤의 솔직한 흔적들이다. 나는 휘트먼보다 순수하고 높은 정신의 시인을 알지 못한다.

그의 시를 읽으면 삶에 대한 순수한 경이와 사랑에 대한 내밀한 고백을 마주하게 된다. 허위와 허례를 거절하고, 솔직하고 담백하게, 진실되고 정확하게 말하는 그의 작품들은 그 무엇보다 우리 삶을 긍정하는 힘을 갖고 있다. "나 찬미하노라, 나 자신을"이라는 그의 널리 알려진 시구는 바로 이 긍정의 가장 강력한 예시이다. 나 자신을 찬미하는 것은 자신에게 주어진 삶에 대한 절대적인 긍정이자, 타자를 향한 사랑의 깊은 근원이다. 이어지는 시구에서 "그대도 내가 하는 대로 하라, / 나를 이루는 모든 원자, 그대 또한 이루고 있으니"라고 말하는 것은 이러한 삶의 긍정이 결국 타자에 대한 깊은 사랑으로 이어질 수 있음을 일러주기 위함이다. 너무 당연해서 오히려 말하기 어려운 삶의 진실을 휘트먼의 시는 생생하게 전해주고 있다.

미래에 대한 희망과 낙관이 사라져 버린 오늘날, 휘트먼의 시를 읽는 일은 우리가 잃어버린 것이 무엇인지 일깨우는 일이 될 것이다. 그러나 그의 작품은 너무 넓고 깊기에 현대의 독자가 그의 작품을 모두 읽어내는 일은 쉽지 않다. 시인의 널리 알려진 대표작부터 잘 알려지지 않은 작품까지 세심하게 추려 묶어낸 이 시집은 당신이 휘트먼에게 다가가는 가장 좋은 첫걸음이 될 수 있다.

서문

현재를 구가하는 시

D. H. 로런스

불안정하여 손에 잘 잡히지 않는 절대적인 현재를 구가하는 시, 바람 같은 이동에도 영속성이 있는 시. 이런 것으로는 휘트먼의 시가 압권이다. 그의 시는 시작도 끝도 없이, 위도 아래도 없이 영원히 이동하는, 묶어 둘 수 없는 바람처럼 끊임없이 스쳐 지나간다. 휘트먼은 실로 앞뒤를 둘러보았다. 그러나 있지도 않은 것을 그리워하며 한탄하지 않았다. 그의 말을 전체적으로 이해할 수 있는 단서는 지금이라는 순간—생명의 원천이 생명의 물결을 일으키는 그 순간—을 온전히 음미하는 데 있다.

영원이란 눈앞의 현재에서 뽑아낸 추상 개념일 뿐이다. 무한은 거대한 추억의 인공 저수지 또는 열망의 인공 저수

지일 뿐이다. 바르르 떨며 날렵하게 움직이는 지금 이 순간은 시간의 생살이다. 이는 우주의 본질로서 우주 안에 들어 있다. 우주의 생살은 신비하고 손에 만져질 듯하고 맥동하는 육신의 차아다. 언제나 그렇다.

휘트먼이 그 생살을 시로 썼기 때문에 우리는 그를 경외하고 그만큼 깊이 존경한다. 그가 만일 그저 "불행했던 먼 옛일"이랄지 "새벽의 날개" 어쩌고하는 시만 썼더라면 우리가 그를 경외할 필요는 없을 것이다. 그의 심장은 긴박하게 밀려오는 지금, 우리를 덮치고 있는 지금과 함께 박동하기 때문에 우리는 그를 경외한다. 그는 그렇게 그 생살 가까이에 있다.

이제까지 시에서 우리가 정복하지 못한 영역이 있다. 그것은 바로 순수한 지금이다. '순간'은 시간의 한 거대한 신비이며 우리에게 미지의 영역이다. 바로 지금 이 순간의 자아는 우리가 아직 알아내지 못한 최고의 신비. 순간은 모든 시간의 생살이다. 인간의 모습을 한 육신의 자아는 모든 우주와 천지만물의 생살이다. 시는 우리에게 그 단서를 주었다. 자유시로, 휘트먼으로. 우리는 이제 안다.

― D. H. 로런스의 『새로운 시(New Poems)』(1920) 미국판 서문에서.

차례

추천사 사랑에 대한 내밀한 고백	황인찬	11
서문 현재를 구가하는 시	D. H. 로런스	13
내 영혼이 말하기를	19
자아를 노래한다	20
전기를 읽을 때	21
나 자신의 노래	22
오, 민주주의여, 그대를 위하여	44
넘실거리는 군중의 바다에서	46
당신은 내게 끌리기 시작했나요?	48
사랑을 열망하는 그 사람	50
자연 그대로의 순간들	51
불타올라 연소하는 어떠한 열기도	53
핏방울	55
지나가는 낯선 이여	57
우리, 밀착하는 두 남자	60
어떠한 기계도 만들지 못했지만	61
언뜻 작은 틈으로	62
때로는 사랑하는 사람 때문에	63

단단히 닻을 내린 영원한 사랑이여!	64
군중 가운데	65
내가 조용히 자주 찾아가는 그대여	66
생기에 가득찬 지금	67
나 자신과 나의 것	71
눈물	75
밤의 해변에서	77
아, 나란 존재는! 아, 인생이란!	80
나는 세상의 그 모든 불행을	82
화해	84
오 함장님! 우리 함장님!	85
거리의 창녀에게	90
학생에게	92
나는 결국 누구인가	94
맑은 한밤중	95
시간이 다가옴에 따라	96
영혼을 생각하라	98
평범한 것	101
옮긴이의 말	해제	103
인용·참고 문헌	130
월트 휘트먼 연보	132

한 사람을 열렬히

사랑하고

그 사랑을

돌려받지 못했어도

그 경험으로

이 시를 지었으니까

내 영혼이 말하기를
Come, said my Soul

내 영혼이 말하기를,˙

자, 우리 함께 내 육신을 위한 시를 쓰자꾸나 (우리는 하나이니)

내가 죽은 뒤 보이지 않는 존재로 돌아온다면,

또는 오랜 시간이 흐른 뒤 다른 영역에서

(이 땅의 흙과 나무와 바람과 거친 파도를 기록하며)

친구들에게 들려주는 노래를 다시 이어 부를 때

그 시를 내 것으로 인정하고 기뻐하며 웃을 수 있는 시를 쓰자꾸나—

우선 지금 여기서 영혼과 육신에

내 이름을 이렇게 서명하듯이—

Walt Whitman

---

* 글자 위의 권점은 강조나 의인화를 나타낸다.

자아를 노래한다
One's-Self I Sing

나는 자아를, 평범한 개인을 노래한다,
그러면서 민주주의적이라는 말, 집단이라는 말을 표명한다.

나는 머리끝부터 발끝까지 육신을 노래한다,
육신이나 지력이나 홀로는 시혼(詩魂)을 받기에 합당하지 않고 둘 다를 갖춘 형태라야 하기 때문이며,
또한 나는 남자와 여자를 동등하게 노래한다.

신성한 법칙을 따라 생겨나 지극히 자유로이 행동하는
무한한 열정과 맥동과 활력과 힘을 지닌 생명을,
현대인을 나는 노래한다.

전기를 읽을 때
When I Read the Book

유명한 사람의 전기를 읽을 때 나는 말하길,
이것이 저자가 말하는 한 사람의 생애인가?
내가 죽으면 내 생애도 누군가 책으로 쓰겠지?
(누가 내 생애를 정말 안다니.
나도 내가 어떤 인생을 살았는지 잘 모른다고 생각할 때가 많은데,
약간의 흔적과 모호한 실마리와 눈속임밖에 없고
그것마저 내가 글로 쓰려고 애써 찾는데.)

나 자신의 노래
Song of Myself

1
나 찬미하노라 나 자신을, 노래하노라 나 자신을.
그대도 내가 하는 대로 하라,
나를 이루는 모든 원자, 그대 또한 이루고 있으니.

나 여기 뒹굴뒹굴하며 내 영혼을 초대한다.
느긋하게 허리를 구부리고 뒹굴뒹굴하며 여름 풀잎을 관찰하기도 하고.

이 흙, 이 공기에서 생겨난 혀, 핏속 원자 하나하나까지
이곳에서 생겨난 부모님에게서 생겨난 나,
부모님 또한 이곳에서 그분들의 부모님에게서 생겨났고 역사는 그렇게 거슬러 올라가지,
그렇게 생겨난 나, 아주 건강한 서른일곱 살, 이제부터

죽기까지 노래를 그치지 않기를 희망한다.

교의(敎義)든 학교든 일단 그대로 두고
그것들대로의 역할에 족하고 그것들을 떠나되 잊지는 않고
좋든 나쁘든 마음속에 품은 나는
기회 있을 때마다 억제되지 않은 자연이 원초적 힘으로 말하게 한다.

2
집집이 방마다 가득한 향수, 선반마다 빽빽하게 들어찬 향수,
나도 그 향기를 맡아 그것을 알고 좋아하여
그 추출물에 취할 수야 있겠으나 그러지 않으련다.

대기는 향수가 아니다. 대기에는 그 추출물의 맛이 없다. 냄새가 없다.
대기는 언제나 내 입을 위한 것. 나는 그것을 사랑하여
수풀 옆 연못으로 가 아무것도 가린 것 없이 벌거벗으리니
대기가 나와 접촉하기를 미칠 듯이 바라기 때문이다.
나 자신이 내쉬는 숨의 연기(煙氣),

메아리와 물결, 웅성웅성 속삭임, 사랑뿌리와 비단실, 아귀와 덩굴,

나의 호흡과 들숨, 심장 박동, 폐를 휩쓸고 지나가는 피와 공기,

코로 들이마시는 푸른 잎과 마른 잎 냄새, 해안과 검은 해암 냄새, 헛간 건초 냄새,

목소리에서 트림처럼 뿜어 나와 회오리바람에 풀려나는 말소리,

가볍게 몇 번 입 맞추고, 몇 번 껴안고 부둥켜안고,

나긋한 나뭇가지가 흔들릴 때 나무 몸통에 어른거리는 빛과 그림자,

홀로 있는 기쁨, 분망한 거리에 있는 기쁨, 들과 비탈을 거니는 기쁨,

건강한 느낌, 한낮의 지저귐, 잠에서 깨어나며 해를 맞는 나의 노래.

그대는 천 에이커가 크다고 생각했는가? 지구가 크다고 생각했는가?

그렇게 오랜 세월 글 읽는 법을 배웠는가?

시를 읽고 그 뜻을 알았을 때 그렇게 자랑스러웠는가?

오늘 하루 낮과 밤 나와 머물라, 그리하면 그대는 모든 시의 근원을 발견하리라.

땅과 해가 주는 혜택을 누릴 것이요(무수히 많은 해가 아직 남았으니),

무엇이든 더 이상 한 다리 건너 두 다리 건너 아는 것으로 생각하지 않으리. 더 이상 죽은 이들의 눈으로 보지 아니하고 책 속의 유령들에게 매달려 살지도 않을 것이며

나의 눈으로 보지 아니하고 생각도 나 자신에게서 취하지 않을 것이며

모든 관점에 귀를 기울이되 자아를 통해 그것을 여과하여 들으리라.

3
나는 말 많은 사람들이 뭐라는지 들어 알고 있다. 그들은 시작과 종말을 말하지만

나는 시작도 종말도 말하지 않는다.

지금이 없으면 시작도 없었던 것이나 마찬가지다.
지금이 없으면 젊음이나 늙음이 없는 것과 마찬가지다.
지금이 없으면 완성도 없을 것이며
지금이 없으면 천국이나 지옥도 없으리라.

충동, 충동, 충동,
세상의 부단한 생식 충동.

모호한 상태에서 부각되는, 정반대의 동등한 존재들. 끊임없는 물질과 증식, 끊임없는 섹스.
끊임없이 직조되는 독자성, 끊임없는 구별, 끊임없이 번식하는 생명.

더 자세히 말하는 것은 쓸데없는 일이다. 식자나 무식자나 사실이 그러하다는 것을 느낌으로 안다.

수직 기둥을 세워 들보로 잇고 회반죽을 튼튼히 입힌 집처럼 견고하고 견고한 나,
말처럼 튼튼하고 다정하면서도 도도하고 전기와도 같은 나와 이 신비, 우리가 여기에 서 있다.

나의 영혼은 맑고 향기로우며, 나의 영혼이 아닌 모든 것 또한 맑고 향기롭구나.

하나가 없으면 모두 다 없다. 보이지 않는 것은 보이는

것으로 입증된다.
  보이는 그것도 결국 보이지 않게 되고, 그것 또한 보이는 것으로 입증된다.

  최상을 드러내어 최악과 구별하고 시대가 시대를 뒤흔들어도
  사물 본래의 합목적성과 균형을 아는 나는 사람들이 논의를 벌일 때 입 다물고 물러나와 헤엄치러 가서는 물에 비친 나 자신을 감탄하며 바라본다.

  나는 나 자신의 특질을, 그리고 건강하고 깨끗한 사람의 모든 신체 기관과 특질을 환영한다.
  한 치라도, 그 한 치의 입자 하나라도 더러운 것은 없으며, 그 어느 것 하나까지 덜함이 없이 모두 똑같이 두루 알게 되리라.

  나는 볼 수 있고 춤추고 웃고 노래할 수 있어 만족하노라.
  밤이면 나를 안고 자는 그는, 사랑이 많은 그는 새벽이면 살며시 일어나
  흰 천이 덮인, 풍요로 부풀어 넘치는 바구니를 두고 간다.
  그러하거늘 내가 받아들임과 깨달음을 미루고 그가 가

는 길과 그의 뒷모습에서 눈길을 거두라고,
　그리고 하나의 가치는 정확히 얼마고 둘의 가치는 정확히 얼마며, 어느 쪽이 유리한지
　즉시 계산하고 면밀히 따지라고
　내 눈에다 대고 소리를 지를까?

4
　멀리서 온 방문객들과 탐문하는 사람들이 나를 둘러싸고 묻는다,
　내가 누구를 만나는지, 나의 어린 시절과 내가 사는 지역과 도시와 국가가 내게 미치는 영향에 대하여,
　최근에 일어난 일들의 날짜에 대하여, 발견과 발명, 사회, 구세대 작가와 신세대 작가에 대하여,
　만찬과 의복, 친구와 용모에 대한 질문, 칭찬, 응당 돌려줘야 할 것,
　남자든 여자든 내가 사랑하는 이들의 실재하는 또는 상상 속의 무관심,
　나 자신이나 가족 누군가의 병이나 악행, 금전의 부족이나 손실, 우울이나 기쁨,
　투쟁과 골육상잔 전쟁의 참사, 의심스러운 뉴스의 열기, 발작적인 사건들에 대하여.

이 모든 것들이 밤낮으로 내게 밀려왔다 가지만,
그것들은 예의 나 자신이 아니다.

나의 자아는 그 모든 끌고 잡아당김으로부터 떨어져 서 있다.
재미있어 하고 스스로 흐뭇해하고 동정적이고 한가하고 독립적이며
시선은 아래쪽을 향하고 똑바로 서서 또는 휴식을 취하는지 아닌지 알 수 없는 어떤 자세로 한쪽 팔을 구부리고
무슨 일이 일어나는가 보려는 듯 호기심 어린 자세로 머리를 옆으로 비스듬히 기울인 채,
참여하면서도 참여하지 않고, 지켜보며 경탄해마지 않는다.

뒤돌아보면 나도 습작기에 언어학자들과 논객들과 씨름하며 오리무중 땀을 흘렸지.
나는 조롱하지도 논쟁하지도 않는다, 나는 관찰하며 기다린다.

5

내 영혼아 나는 너를 믿는다, 나의 다른 한쪽이 너에게 스스로를 낮추어서는 안 된다,
너 또한 다른 한쪽에게 낮추어서는 안 된다.

나와 풀밭에서 뒹굴뒹굴하자. 너의 목청을 느슨하게 열어 놓아라.
말이나 음악이나 압운도, 관습이나 강의도, 최상의 것마저 필요 없다.
오직 그 기분 좋은 소리, 판막 달린 네 목소리의 웅얼거림만이 좋구나.

그토록 투명했던 어느 여름 아침 우리 함께 누웠던 일을 나는 기억한다.
네가 나의 허리를 가로 베고 누웠다가 천천히 몸을 돌리더니
나의 셔츠를 풀어 헤쳐 가슴뼈를 드러내고는 맨살이 드러난 가슴에 혀를 찌른 뒤,
손을 뻗어 내 수염을 더듬고, 다시 손을 뻗어 내 발을 잡았던 일을 나는 기억한다.
이 세상 모든 논쟁을 넘어서는 평화와 앎이 재빨리 일어

나 주위에 퍼지니,
    나는 하나님의 손길이 나 자신의 약속임을 알고
    하나님의 영(靈)이 나 자신의 형제임을 알고
    이 땅에 태어난 남자는 모두 나의 형제이며 여자는 모두 나의 누이이자 연인임을 알고
    세상의 내용골(內龍骨)*은 사랑임을 알며
    뻣뻣한 것이든 축 처진 것이든 들판의 풀잎이 무한함을,
    풀잎 아래 흙속 작은 구멍에 갈색 개미가 무한함을,
    갈지자형 울타리의 이끼 딱지, 돌더미와 딱총나무, 현삼과의 식물, 자리공 등 이 모든 것이 무한함을 아노라.

6
    풀이 뭐예요? 어린아이가 풀을 한 움큼 뜯어 와 물었다.
    내가 어떤 대답을 할 수 있을까? 풀이 무언지 그 아이가 모르듯 나도 모르는데.

    아마도 풀은 희망의 초록색 물질로 짜인 내 기질의 깃발인 것 같다.

    어쩌면 하나님의 손수건인지도,

---

* 이물과 고물을 이어 선체를 받치는 긴 재목으로 인체의 척추와 같다고 할 수 있다.

그것을 발견한 사람이 "이 손수건은 누구 것이지?" 하고 묻게 하려고
향수를 뿌려 일부러 떨어뜨려 놓은 선물이요 기념물, 귀퉁이 어디엔가 주인의 이름이 새겨진 손수건.

풀은 그 자체가 어린아이, 식물이 낳은 갓난아이인지도.

풀은 또한 한 잎 한 잎 동일한 상형문자인지도,
넓은 곳에서든 좁은 곳에서든 똑같이 돋아나고,
백인이 사는 곳에서든 흑인이 사는 곳에서든 똑같이 자라는 풀,
캐나다인이든 버지니아 주민이든 국회의원이든 흑인이든 나는 그들에게 똑같이 주고
그들을 똑같이 대한다.

그런데 이제 보니 풀은 벌초하지 않은 아름다운 무덤의 털인 것 같다.

둥글게 말린 풀잎들아, 나는 너희를 조심조심 다루겠노라,
너희는 젊은이들의 가슴에서 생겨나는지도 모르니까,
내가 그들을 알았더라면 그들을 사랑했을지도 모르니까,

너희는 노인들에게서 생겨나는지도, 엄마의 품에서 너무 일찍 목숨을 빼앗긴 아기들에게서 생겨나는지도 모르지.
그렇다면 이제는 너희가 엄마의 품이로구나.
이 풀은 나이든 어머니의 흰머리에서 자라났다고 보기에는 너무 짙고,
노인의 바랜 수염보다 짙고,
불그스름한 입천장 아래에서 나왔다고 보기에도 너무 짙구나.

오, 결국 나는 말하는 수많은 혀들을 감지한다.
그 혀들이 헛되이 입천장에서 자라난 것이 아님을 감지한다.

그들을 보고 죽은 젊은 남녀에 대한 암시를,
노인과 어머니, 엄마의 품에서 일찍 목숨을 빼앗긴 아기들에 대한 암시를 해석할 수 있으면 좋으리라.

당신은 그 젊은이들과 노인들이 어찌됐다고 생각해요?
여자들과 어린아이들은 어찌됐다고 생각해요?

그들은 어딘가에 살아서 잘 있노라.

새싹은 가장 작은 것이라도 사실은 죽음이란 없음을 보여 준다.

설령 죽음이 있다 해도 죽음은 생명을 앞으로 이끌 뿐, 종착점에서 생명을 막으려 기다리지 않으리라.

죽음은 생명이 나타난 순간 죽었다.

모든 것은 앞으로 또 밖으로 나아가며, 쓰러지는 것은 없노라.

죽음은 사람들의 생각과는 다르며 오히려 복된 것이다.

51
과거와 현재가 이운다. 나는 그것들을 채웠고, 비웠다.
그리고 계속해서 그다음 미래의 책장(冊張)을 채운다.

이보오, 거기 그대여! 나에게 터놓고 할 말이 있소?
저녁이 옆걸음질하며 비치는 빛을 이제 끄려 하니
내 얼굴을 잘 들여다보오.
(아무도 그대의 말을 엿듣지 못하니 솔직하게 말해 보오. 그러면 조금 더 그대와 머물 테니.)

내가 모순된 말을 하는가?

내가 모순된 말을 한다 해도 어쩔 수 없다,
(나는 크니 내 안에는 많은 사람이 들어 있노라.)

나는 가까이 있는 그들에게 집중하며, 문지방돌 위에 서서 기다리고 있다.
누가 하루 일을 다 마쳤는가? 누가 가장 빨리 저녁 식사를 마치려는가?
누가 나와 산책하러 가겠는가?

내가 가기 전에는 말을 하려오? 아니면 너무 늦었을 때 그러려오?

52

얼룩무늬 매가 날아와 나를 스쳐 지나가며 나무란다, 말이 많고 어슬렁거린다고 불평한다.

나도 전혀 길들여지지 않았다, 나도 네 울음소리처럼 번역이 불가능하다,
나도 세상의 지붕을 가로지르며 야만의 날카로운 소리를 낸다.

하루가 마지막 질주를 하다가 나를 위해 잠시 멈추더니
다른 사람들과 닮고 누구 못잖게 진실된 내 모습을 그늘진 황무지에 집어던지고
안개와 박명에 합류하라고 나를 꾀어낸다.

나는 바람처럼 떠난다, 나는 달아나는 해를 향해 백발을 흔들어 보인다,
나는 육신을 회오리바람 속으로 내보내고 조각조각난 레이스천이 되어 떠돌게 한다.

나는 사랑하는 풀밭에서 자라나도록 나 자신을 남긴다,
다시 나를 원하거든 그대의 신발창 밑에서 나를 찾으라.

그대는 내가 누구인지 내가 무슨 말을 하는지 잘 모를지라도
나는 건강에 유익하거늘,
그대의 피를 거르고 강건하게 하리라.

첫 시도로 내게 닿지 못하더라도 계속 분발하라,
한 곳에서 나를 만나지 못하거든 다른 곳을 찾아보라,
나는 어디선가 멈추어 기다리고 있으리라, 그대를

해럴드 하비 〈두 소녀와 나비〉

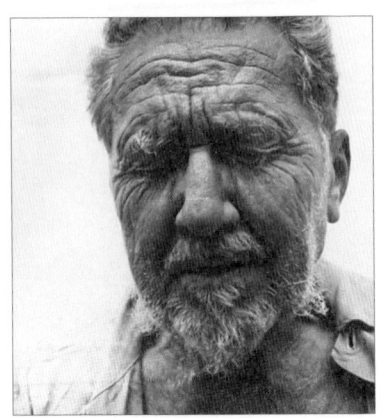

| D. H. 로런스 | 에즈라 파운드 |
| 기욤 아폴리네르 | 브램 스토커 |

오스카 와일드 | 페르난두 페소아

월트 휘트먼이 전 세계 수많은 시인과 예술가, 비평가에게 끼친 영향은 측량이 불가능하다. D. H. 로런스는 "유례없는 새로운 시"를 쓴 휘트먼을 극찬했고, 오스카 와일드는 1882년 휘트먼과 만나 우정을 나누었다. 『드라큘라』를 쓴 브램 스토커는 휘트먼의 『풀잎』에 감동을 받아 평생 그의 열렬한 팬이 되었다. 포르투갈의 시인 페르난두 페소아는 휘트먼에게 바치는 헌시에서 "당신을 경배합니다. 위대한 해방자여"라고 썼다.

제임스 조이스 | 마릴린 먼로
페데리코 가르시아 로르카 | 잭 케루악

호르헤 루이스 보르헤스 | 정지용

제임스 조이스는 휘트먼의 「나 자신의 노래」 중 "내가 모순된 말을 하는가? 내가 모순된 말을 한다 해도 어쩔 수 없다"를 『율리시즈』에 그대로 인용하고, 『피네건의 경야』에서는 휘트먼의 이름 자체를 언급한다. 애서가이자 캘리포니아 최초의 '아티초크 퀸' 마릴린 먼로는 『풀잎』의 애독자였다. 스페인 시인 로르카는 「월트 휘트먼에게 바치는 송가」를 썼고, 정지용과 보르헤스는 휘트먼 시를 번역했다. 비트 세대 문학을 대표하는 잭 케루악은 휘트먼을 자신의 뮤즈로 불렀다.

밥 딜런 | 1960년대 히피들

휘트먼이 노래한 자유와 평등은 1960년대 미국 저항문화의 밑거름이 되었다. 진보적인 예술가와 지식인, 히피, 성소수자, 다양한 인종의 젊은이들이 기성 사회의 도덕적 억압과 물질문명의 폭력에 반대하며 진정한 '나 자신'의 행복을 찾고자 했다. 특히 밥 딜런의 〈바람만이 아는 대답〉은 저항문화의 상징적 노래였다.

앨런 긴즈버그

1950년대 뉴욕의 비트 세대는 휘트먼의 시와 방랑자적인 삶의 방식에서 강한 영향을 받았다. "비트 세대의 월트 휘트먼"으로 불리는 앨런 긴즈버그에게 휘트먼은 인생의 우상이자 시적 모델이었다. 긴즈버그의 「울부짖음(Howl)」은 휘트먼이 확립한 미국 산문시의 뒤를 잇는 작품이다.

오, 민주주의여, 그대를 위하여
For You O Democracy

오라, 내가 이 대륙을 분리할 수 없게 만들리라
해 아래 가장 찬란한 종족을 만들리라
자석처럼 끄는 성스러운 땅을 만들리라
   동료의 사랑으로
      동료의 평생 사랑으로

이 나라의 모든 강을 따라, 큰 호수들 기슭에, 대초원 곳곳에 나무처럼 빽빽이 동료애를 심으리라, 서로 어깨동무하여 분리할 수 없는 도시를 만들리라
   동지의 사랑으로
      동지의 남성적 사랑으로

오, 민주주의여, 그대를 위하여, 마 팜,* 그대를 섬기기

---

* 민주주의를 "마 팜(ma femme, 나의 아내)"이라고 함으로써 프랑스혁명의 모토 'Liberté, Égalité, Fraternité' 즉 '자유, 평등, 박애'를 떠올리게 한다.

위하여
 그대를 위하여, 나 그대를 위하여 떨리는 목소리로 이 노래들을 부르노라

넘실거리는 군중의 바다에서
Out of the Rolling Ocean the Crowd

넘실거리는 군중의 바다에서 물 한 방울이 조용히 떨어져나와 내게 속삭였다.
"당신을 사랑해요, 난 머잖아 죽어요,
당신만 바라보고 당신만 만지려고 멀리서 왔어요,
당신을 한번 보기 전에는 죽을 수 없었어요,
그런 다음엔 당신을 잃을까 두려웠어요."

이제 만났으니, 이제 보았으니, 우리는 안전해요.
이제 마음 편히 바다로 돌아가요, 내 사랑,
나도 저 바다의 일부라오, 내 사랑, 우리는 그리 많이 떨어져 있지 않아요.
봐요, 저 대순환을, 모두의 응집을, 얼마나 완벽한가요!
하지만 당신으로서는 또 나로서는 거부할 수 없는 바다가 우리를 갈라놓으려 하죠.

바다가 한 시간쯤은 우리를 저마다 다른 곳으로 실어 갈
지 모르지만 영원히 그럴 수는 없어요.
　조급해 하지 말아요—잠시 동안이니까—그리고 알아
두어요,
　매일 해질 무렵 내 사랑 소중한 당신을 위하여
　하늘과 바다와 대지에 내가 경의를 표한다는 것을.

당신은 내게 끌리기 시작했나요?
Are You the New Person Drawn toward Me?

당신은 내게 끌리기 시작했나요?

우선 경고하겠는데, 나는 당신이 생각하는 사람과는 많이 달라요.

내게서 당신의 이상을 찾으리라 생각해요?

나를 당신의 애인으로 만들기가 쉽다고 생각해요?

나의 우정에서 순수한 만족을 얻으리라 생각해요?

나를 믿을 만하고 충실한 사람으로 생각해요?

겉모습과 부드럽고 관대한 태도 외에는 아무것도 보이지 않아요?

당신이 현실에 발을 디디고 다가가는 인물이 현실의 영웅이라고 생각해요?

오, 몽상가여, 당신은 그 모든 것이 마야,* 환영일 뿐이

---

* maya. '환영(幻影)'을 뜻하는 산스크리트어. 휘트먼은 힌두교의 철학에 관심을 가졌다. 우파니샤드는 브라만(현세)과 마야(환영의 세계)를 구별하지만 휘트먼은 실제로는 그

라는 생각이 안 들어요?

런 구분이란 존재하지 않는다고 말한다.

사랑을 열망하는 그 사람
I Am He That Aches with Love

나는 육욕의 사랑을 열망하는 그 사람이라네
지구는 중력으로 움직이지 않는가? 모든 물질은 열망하며 모든 물질을 끌어당기지 않는가?
내 몸도 내가 만나거나 내가 아는 모든 이에 대해 그러하다네

자연 그대로의 순간들
Native Moments

자연 그대로의 순간들이여—나에게 임한다면—아, 네가 지금 여기에 있으니

나에게 오직 육체의 즐거움을 달라,

내 열정을 흠뻑 적시고 거칠고 상스러운 활기를 달라,

오늘도 나는 낮에도 밤에도 자연의 총아들과 어울린다,

나는 분방한 즐거움의 가치를 아는 사람들 편이니, 나는 청년들과 한밤의 환락을 함께 나눈다,

춤추는 이들과 함께 추고 술 마시는 이들과 함께 마신다,

우리의 외설적인 부름이 메아리친다, 나는 상스러운 사람을 내 친구로 삼는다,

그는 자유분방하고 무례하고 무식한 자이며, 그는 자신의 행위로 비난을 받는 사람일 것이다,

나는 더 이상 본심을 감추지 않으리라, 내가 왜 동반자들을 떠나 스스로를 추방해야 하는가?

오, 세상이 기피하는 그대들이여, 나는 적어도 그대들을 기피하지 않는다,

나는 당장 그대들과 함께할 것이며, 그대들의 시인이 되리라,

누구보다 그대들에게 더 풍요로운 사람이 되리라.

불타올라 연소하는 어떠한 열기도
Not Heat Flames Up and Consume

불타올라 연소하는 어떠한 열기도,
서둘러 밀려들다 빠져나가는 어떠한 파도도,
무수한 씨를 품은 흰 솜털 씨방들이 우아하게 떠다니다
원하는 곳 어디에든 떨어지게 홀홀 실어나르는
농익은 여름날 바람도,
향기롭고 건조한 어떤 바람도,
그 어느 것도 그의 사랑을 갈구하며 타오르는 나의 불길보다 뜨겁지 않고,
그 어느 것도 내가 서둘러 밀려들다 빠져나가는 것만 못하다네.
파도는 절대로 포기하지 않고 무언가를 찾아 서두르지 않는가, 나도 그렇다네.
흰 솜털 씨방처럼 꽃향기처럼, 빗방울을 품고 높이 떠 있는 구름처럼

내 영혼도 정처 없이 대기 중에 떠돈다네, 오 사랑이여,
우정을 찾아, 당신을 찾아.

핏방울
Trickle Drops

방울들이 똑똑 떨어진다! 내 푸른 핏줄을 떠난다!
오, 방울방울 내게서! 똑똑, 천천히 떨어진다,
내가 흘리는 순수한 피가 똑똑 떨어진다,
너희를 속박에서 자유롭게 해 주려 낸 상처에서,
내 얼굴에서 내 이마와 입술에서,
내 가슴에서, 나를 감추었던 곳에서, 붉은 핏방울이, 고백의 핏방울이 밀려나오고,
종이 하나하나, 내가 부르는 노래 하나하나, 나의 말 하나하나 핏방울로 얼룩진다,
사람들이 너희의 진홍빛 뜨거운 열기를 알게 하라,
부끄럽게 젖은 너희 자신으로 그들을 흠뻑 적셔라, 번들거리게 하라,
핏방울로 내가 썼고 앞으로 쓸 모든 것 위에 너희 자신을 빛나게 하라,

그 모든 것이 너희의 빛에 비추어 보이게 하라, 홍조 띤 방울들이.

지나가는 낯선 이여
To a Stranger

    지나가는 낯선 이여! 내가 얼마나 갈망하는 마음으로 그대를 바라보는지 그대는 모른다
    그대는 내가 찾던 남자일 것이다, 아니면 내가 찾던 여자일지도 (꿈처럼 떠오르는 생각이다)
    나는 분명 그대와 어디선가 환희의 삶을 살았다
    우리 서로 스쳐 지나가는 지금, 모든 게 생각난다, 흐르는 듯 부드럽고 애정이 넘치고 사려 깊고 성숙한 그대는
    나와 함께 자라났다, 나와 함께 소년이었다, 아니면 나와 함께 소녀였을까
    나는 그대와 함께 식사를 하고 그대와 함께 잠을 잤다, 그대의 몸은 그대만의 것이 아니었고 내 몸도 나만의 것이 아니었다
    우리 서로 지나칠 때 그대는 눈과 얼굴과 몸으로 내게 즐거움을 주고, 그 보답으로 그대는 내 수염과 가슴과 손을

보는 즐거움을 얻는다

   나는 그대와 이야기를 나눌 수 없을 것이다, 홀로 앉아 있을 때나 외로운 밤, 잠을 깼을 때 그대를 생각할 것이다

   다시 만나게 될 것을 의심하지 않고 기다릴 것이다

   어떤 일이 있어도 그대를 잃지 않도록 할 것이다

1865년 휘트먼은 전차 운전수인 피터 도일(1843-1907)을 처음 만나 평생 우정을 나누었다.

우리, 밀착하는 두 남자
We Two Boys Together Clinging

우리, 밀착하는 두 남자,
서로 떨어지지 않는 우리,
이 길 따라 저 길 따라 북으로 남으로 유람을 다니고
힘을 만끽하고 팔꿈치를 펴고
팔짱을 끼고 두려움 없이 먹고 마시고 잠자고 사랑하고
　우리 자신을 우리 마음대로 함에 마땅하지 않은 법은 인정하지 않고 거리를 활보하고 꾀피우고 훔치고 협박하고
　구두쇠, 머슴, 성직자를 놀라게 하고 공기를 들이쉬고 물을 마시고 풀밭이나 바닷가에서 춤추고
　도시마다 비탄에 빠뜨리고, 안락을 비웃고, 법을 무시하고, 허약을 쫓아내고
　약탈을 완수하는 우리.

어떠한 기계도 만들지 못했지만
No Labor-Saving Machine

사람의 수고를 더는 기계 하나 만들지 못하고
발견 하나 하지 못했어도
병원이나 도서관을 세울 넉넉한 유산이나
국가를 위해 용기 있는 일을 했다는 회고록이나
문학적 성공도 지식도 책꽂이에 꽂힐 책 한 권도 남기지 못할지라도
동지들과 연인들을 위해
대기에 울려 퍼질 찬가 몇 편은 남기노라

언뜻 작은 틈으로
A Glimpse

작은 틈으로 언뜻 보인다.

늦은 겨울밤 술집, 눈에 안 띄는 구석에 앉아 있는데 난롯가에 둘러앉은 노동자와 마부가 여럿 보이고

나를 사랑하고 나도 사랑하는 청년도 보인다. 조용히 다가와 앉아 내 손을 잡는 그.

사람들이 오가는 소리, 음주와 욕설과 지저분한 농담의 소음 속에서 한참 동안

거의 말도 없이, 아마 한마디도 없이 그곳에 함께 있어 흡족하고 행복한 우리 둘.

때로는 사랑하는 사람 때문에
Sometimes with One I Love

　때로는 사랑하는 사람 때문에 분노가 차오른다, 내가 일방적인 사랑을 발산하는 건 아닌가 하는 두려움 때문에.
　하지만 나는 이제 일방적인 사랑 따위는 없으며, 보상은 어떤 방식으로든 확실히 돌아온다고 생각한다.
　(한 사람을 열렬히 사랑하고 그 사랑을 돌려받지 못했어도 그 경험으로 이 시를 지었으니까.)

단단히 닻을 내린 영원한 사랑이여!
Fast Anchor'd Eternal O Love!

단단히 닻을 내린 영원한 사랑이여! 오, 내가 사랑하는 여인이여!

오, 신부여! 오, 아내여! 나는 내가 표현할 수 있는 것보다 더 당신에 대한 생각을 저항할 수 없다오!

그런데 육신에서 분리된 혹은 별개로 태어난 듯이,

최후의 탄탄한 실체, 나의 위안, 에테르처럼, 오, 남자여, 나는 그대의 사랑의 영역에서 둥실 떠다닌다오,

오, 내 방랑의 삶을 나누는 이여.

군중 가운데
Among the Multitude

　남녀의 군중 속에서
　나는 은밀하고 신성한 신호로 나를 골라내는 한 사람을 알아챈다.
　부모나 아내나 남편이나 형제나 자식이나 그 누가 나보다 더 가까이 있음을 그는 인정하지 않는다.
　어떤 이들은 당황하지만 그는 당황하지 않는다—그는 나를 안다.

　아, 연인이여, 전적으로 나와 동등한 이여,
　그대가 어렴풋한 간접적 표현들을 보고 그렇게 나를 발견한 것은 내가 의도한 바이다.
　하여 내가 그대를 만날 때도 그런 간접적 표현들을 보고 그대를 발견하고자 한다.

내가 조용히 자주 찾아가는 그대여
O You Whom I Often and Silently Come

오, 함께 있으려 내가 조용히 자주 찾아가는 그대여,

그대와 나란히 걷거나 가까이 앉거나 같은 방에 함께 머무를 때

그대를 위하여 내 안에서 미묘하게 전기를 띤 불꽃이 너울거리는 것을 그대는 전혀 알지 못한다.

생기에 가득찬 지금
Full of Life Now

생기에 가득찬 지금 옹골지고 눈에 보이는
나, 나는 마흔 살, 미국은 여든세 살,
지금부터 백 년 뒤 혹은 수백 년 뒤에 올 사람에게,
이 글들을 아직 태어나지 않은 그대에게, 그대를 찾아 바친다오,
그대가 이 글들을 읽을 때면 눈에 보이던 나는 보이지 않으리니,
이제 옹골지고 눈에 보이는 그대가 나를 찾아 나의 시를 실현하고,
내가 함께 있어 그대의 동지*가 된다면 얼마나 좋을까 상상하는 이여,
옹골지고 눈에 보이는 이, 그대여,

---

* '동지' 또는 '동료'를 뜻하는 comrade, friend, camerado(휘트먼의 조어)는 민주주의 사회를 위해서는 우정(특히 남자들 사이의 우정과 관능적 애정)이 필요함을 암시한다.

나는 그대와 함께 있는 거나 마찬가지라오.

(하여 내가 지금 그대와 함께 있지 않다고 너무 확신하지 마오.)

"오라, 내가 이 대륙을 분리할 수 없게 만들리라,
해 아래 가장 빛나는 종족을 만들리라,
자석처럼 끄는 성스러운 땅을 만들리라"

―「오, 민주주의여, 그대를 위하여」

69쪽에서 휘트먼의 손에 앉은 나비는 마분지로 만든 것이다. 1994년 한 청년이 선친의 유품 중 휘트먼 관련 자료들을 소더비에 팔려고 가져갔다가 그 유래를 알고는 미국의회도서관에 되돌려주었다고 한다. 50만 달러의 가치에 상당하는 그 유품들은 1942년 미국의회도서관이 소장품을 오하이오주로 옮겨 보관했다가 분실된 것들 중 일부였다. 휘트먼의 나비는 그 청년이 반납한 자료 속에서 발견되었다. 나비에 적힌 문구는 "부활절"과 존 메이슨 닐의 1850년대 찬송가 가사다.

나 자신과 나의 것
Myself and Mine

항상 체조 선수처럼 단련하는 나 자신과 나의 시,
  추위와 더위를 견디기 위하여, 총의 조준을 잘 맞추기 위하여, 배를 조정하기 위하여, 훌륭한 아이를 낳기 위하여,
  주저 없이 알기 쉽게 말하기 위하여, 천한 사람들 가운데서도 마음 편하기 위하여,
  땅이나 바다의 혹독한 환경에서도 굴하지 않기 위하여.

  장식이 아니라
  (장식은 언제나 충분할 터이며, 나는 그것도 환영한다)
  사물의 본질과 속사람을 위하여.

  장식을 조각하기 위해서가 아니라
  자유로운 손놀림으로 수많은 지상신들의 머리와 수족을 조각하기 위하여, 그래서 그들이 걷고 말한다는 것을 온 나

라가 깨닫게 하기 위하여.

　나로 내 멋대로 살게 하라,
　다른 사람들이야 법을 공포하든 뭘 하든, 나는 법을 중시하지 않는다,
　다른 사람들이야 저명인사를 칭송하고 평화를 지키든 말든, 나는 선동과 대립을 부추긴다.
　나는 저명인사를 칭송하지 않는다, 나는 오히려 칭송할 만하다는 사람들을 면전에 대고 꾸짖는다.

　"당신은 누구요? 평생 무엇이 남 모르는 양심의 가책이 되었소?
　평생 그렇게 외면하려오? 평생 그렇게 먹고 떠들려오?
　시대와 책의 구절, 언어와 추억을 기계처럼 재잘대면서 현재를 알지 못하고 단 한 마디도 똑바로 말할 줄 모르는 당신은 누구요?"

　다른 사람들은 표본 수집을 끝내더라도 나는 결코 끝내지 않는다,
　나는 자연처럼, 끊임없이 새롭고 현대적인, 고갈되지 않는 법칙으로 표본 수집을 시작한다.

나는 아무것도 의무로 주지 않는다,
다른 사람들이 의무로 주는 것을 나는 강한 충동으로 준다.
(마음이 동하여 하는 일을 의무로 하랴?)

질문을 잠재우는 일은 다른 사람들이나 하라고 하라, 나는 아무런 질문도 잠재우지 않고 오히려 대답할 수 없는 질문을 불러일으킨다.
내가 보고 만지는 그들은 누구지? 그리고 저들은 어떤 사람들이지?
직접적이거나 간접적인 부드러운 표현으로 나를 바짝 끌어당기는, 나와 닮은 저 사람들은 누구지?

나는 세상을 향하여 나처럼 친구의 이야기를 불신하고 적에게 귀를 기울이라고 외친다,
나를 해설하는 사람들을 항상 무시하라고 명한다, 나도 나를 해설하지 못하기 때문이다,
나에 대한 학설이나 학파를 세우지 말라고 명한다,
내가 그랬듯이 모든 것을 자유로이 내버려두라고 명한다.

나를 따르라, 전망이 보인다!

오, 인생은 짧지 아니하고 헤아릴 수 없이 길다는 것을 알겠다,

하여 나는 순수하게 삼가는 마음으로 일찍 일어나는 사람, 꾸준한 정원사로 세상을 걷는다,

매 순간은 수백 년, 그리고 다시 수백 년의 정액.

나는 공기와 물과 땅이 주는 끊임없는 교훈을 추적해야 한다,

일순간의 여유도 없음을 감지한다.

눈물
Tears

눈물! 눈물! 눈물!

밤에 흘러내리는 외로움의 눈물,

백색 해변에 똑똑 떨어져 모래로 스며드는

눈물, 별이 없는 밤, 온통 어둡고 황량한데

숨죽여 우는 얼굴을 적시는 눈물,

아, 저건 누구의 유령인가? 어둠 속에서 눈물 흘리는 저 형체는?

모래 위에 웅크린 저 무형의 덩어리는 무엇인가?

격렬히 터져 나오는 목멘 울음과 함께 흐르는 눈물, 흐느끼며 흘리는 눈물, 극심한 괴로움,

오, 실체가 되어 일어나 해변을 따라 질주하는 비바람이여,

오, 바람을 동반한 거칠고 황량한 밤의 물보라여—맹렬히 내뿜는 물보라여!

오, 낮에는 그리도 차분하고 점잖은 기색, 온화한 표정

을 한 절제된 그늘이여,

　아무도 보는 사람 없는 밤 멀리 날아가거라―그리고 바다도 풀려나기를 바라노라,

　눈물! 눈물! 눈물의 바다가!

밤의 해변에서
On the Beach at Night

밤의 해변에서
어린 소녀가 아버지와
동녘 가을 하늘을 바라보며 서 있다.

어둠을 헤치고 위로,
게걸들린 듯 날뛰는 구름, 봉분(封墳) 같은 구름이 검게 무리 지어 퍼지며
잔뜩 찌푸리고 하늘을 가로질러 빠르게 내려간다.
동녘에 긴 띠처럼 드러난 맑고 투명한 창공 속에
으뜸 별 목성이 커다랗게 차분히 오르고,
조금 위, 가까이에서는
은은히 빛나는 묘성(昴星) 자매들이 헤엄을 친다.
아버지의 손을 잡고 있는 해변의 어린 소녀가
금방이라도 모든 것을 집어삼킬 듯 잔뜩 찌푸리고 우쭐

대는 저 봉분 같은 구름을 바라보며
소리 없이 운다.

울지 마, 아가야,
울지 마, 애야,
뽀뽀로 눈물을 닦아 줄게, 이렇게.
저 구름이 날뛰며 우쭐해 저러는 것도 잠깐이란다,
하늘을 오래 차지하지 못할 거야, 별들의 허상을 삼킬 뿐이란다,
목성이 나올 거야, 참고 기다려 봐, 다음날 밤 다시 봐 봐, 묘성이 나올 거야,
저 별들은 영원하거든, 은색과 금색으로 영롱한 저 모든 별들은 다시 나와 빛날 거야,
저 큰 별들도 저 작은 별들도 다시 나와 빛날 거야, 저 별들은 견뎌 내고 있어,
저 영원하고 거대한 항성들도, 오래도록 견디고 있는 저 침울한 달들도 다시 나와 빛날 거야.

애야, 그런데도 목성만을 보고 슬퍼하는 거야?
그런데도 별들의 봉분만 보는 거야?

세상에는 더 중요한 무언가가 있단다,
(너를 위로하는 입으로 속삭여 줄게,
첫 번째 암시를 줄게, 문제와 힌트를 줄게)
별보다 더 영원한 무언가가 있어,
(수많은 봉분이 생기고, 수많은 낮과 밤이 소멸하여도)
빛나는 목성보다 더 오래 견디는 무언가가 있단다,
해나 공전하는 위성보다 더 오래,
영롱한 묘성 자매보다 더 오래 견디는 무언가가.

아, 나란 존재는! 아, 인생이란!
O Me! O Life!

    아, 나란 존재는! 아, 인생이란! 이에 대해 되풀이되는 질문 중,
    믿음이 없는 자들의 끊임없는 행렬, 어리석은 자들로 가득한 도시,
    끊임없이 자책하는 나 자신(나보다 더 어리석을지라도 나보다 믿음이 못한 사람은 없다는 생각에),
    헛되이 빛을 구하는 눈, 보잘 것 없는 목적, 늘상 반복되는 노고,
    모든 노고는 초라한 결과를 낳고, 주변에는 고되게 일하는 탐욕스러운 사람들만 보이고,
    그 외에도 공허하고 무익한 세월을 보내는 사람들, 그들과 얽혀 있는 나,
    그 모든 것에 대해 되풀이되는 질문 중, 나란 존재에 대한 질문, 슬프고 슬픈 이 질문, 아, 그 가운데 있는 나란 존

재는, 아, 인생은 무슨 가치가 있단 말인가?

               답변

  그건 네가 여기에 있다는 데 있어, 즉 네게는 생명과 독자성이 있다는 거야.
  지금 강렬한 극이 펼쳐지고 있는데 거기에 네가 시 한 구절을 보탤 수 있다는 것이지.

나는 세상의 그 모든 불행을
I Sit and Look Out

나는 세상의 그 모든 불행을, 모든 억압과 수치를 가만 앉아 바라본다,

행동 뒤에 후회하며 자신 때문에 고통스러워하는 젊은이들이 경련을 일으키며 남몰래 흐느끼는 울음소리를 듣는다,

삶의 밑바닥에서 자식들에게 학대받는, 방치되어 여위고, 자포자기하고 죽어 가는 어머니들을 본다,

남편에게 학대받는 여자, 두 마음을 품고 젊은 처녀들을 유혹하는 자들을 본다,

질투와 짝사랑을 감추려다 괴로움에 사무친 경우들을 유심히 본다, 이 땅에서 일어나는 그러한 광경들을 바라본다,

전쟁과 역병, 전제 정치를 보고, 순교자와 죄수를 본다,

항해 중 굶주림을 본다, 선원들이 누구를 죽여 나머지의 목숨을 건질지 제비뽑는 것을 본다, 오만한 자들이 노동자와 가난한 자와 흑인을 멸시하고 모욕하는 것을 본다.

그 모든 것—끝없는 그 모든 비열함과 괴로움을 나는 가만 앉아 바라본다,

보고 듣고 말이 없다.

화해
Reconciliation

모든 것을 덮는 말, 하늘처럼 아름다워,
아름다워, 하여 전쟁과 그 모든 살육 행위는 결국 사라지지 않을 수 없으리,
하여 죽음과 밤, 두 자매는 이 더러워진 세상을 부드러이 씻고 또 씻고, 끊임없이 또 씻으니,
나의 적이 죽었음이라, 나와 다름없이 성스러운 한 사람이,
나는 창백한 얼굴로 관 속에 가만 누워 있는 그를 찾아본다—그리고 가까이 다가가
몸을 구부려 관 속의 그 창백한 얼굴에 입술을 살짝 갖다 댄다.

오 함장님! 우리 함장님!
O Captain! My Captain!

오 함장님! 우리 함장님! 끔찍한 항해가 끝났습니다,
배는 온갖 황폐를 견뎌 냈고, 우리는 추구하던 목표를 성취했습니다, .

항구가 가까워지며 종소리가 들려요, 사람들이 모두 환희에 차 있어요,

그들이 안정된 용골을, 굳세고 용감한 배를 바라보고 있어요.

그런데 오, 가슴이! 가슴이! 가슴이!

오, 흐르는 이 붉은 핏방울,

우리 함장님이 죽어 싸늘하게 식은 몸으로

갑판에 누워 있다니.

오 함장님! 우리 함장님! 어서 일어나 저 종소리 좀 들어 보세요.

일어나세요, 함장님을 맞이하는 기가 게양되었어요, 함장님을 위한 나팔 소리가 울려 퍼지고 있어요.

함장님을 위한 꽃다발과 리본 달린 화환이 준비되었고, 함장님을 보려고 사람들이 몰려들고 있어요.

그들이 함장님을 부르고 있어요, 동요하는 군중, 그들이 열렬한 얼굴로 이쪽을 보고 있어요.

여기 좀 보세요, 함장님! 우리의 사랑하는 아버지!

함장님의 머리를 이 팔뚝으로 받치고 있어요!

함장님이 죽어 싸늘하게 식은 몸으로

갑판에 누워 있다니, 어처구니없는 꿈이로다.

우리 함장님은 대답이 없다, 입술은 창백하고 움직이지 않는다,

우리 아버지는 나의 팔뚝을 느끼지 못한다, 맥박도 끊어지고 의지도 없다.

배는 무사히 정박하여 항해가 완료되었는데,

승전의 목적을 이루고 돌아왔는데.

기뻐하라, 오 육지여, 노래하라, 오 종(鐘)이여!

하지만 나는 슬픔에 잠긴 걸음걸이로

우리 함장님이 죽어 싸늘하게 식어 있는

갑판 위를 걷는다.

영화 <죽은 시인의 사회>
키팅 선생님(로빈 윌리엄스) 뒤쪽 벽에 휘트먼의 초상이 걸려 있다.

"시는 멋지다고 읽거나 쓰는 게 아니야. 시를 읽거나 쓰는 건 우리가 인류의 구성원이기 때문이지. 인류는 열정으로 충만하거든. 의학이니 법학, 비즈니스나 공학 같은 것들도 고귀한 분야로서 인생을 지탱하는 데 필요하다만, 시와 아름다움, 낭만, 사랑, 이런 것들은 우리가 살아가는 존재 이유란다." — 키팅 선생님이 학생들에게.

> **WALT WHITMAN'S LECTURE.**
>
> # Death of Abraham Lincoln
>
> ASSOCIATION HALL, Cor. Chestnut and Fifteenth, Philadelphia, Evening of April 15th, 1880. (The 15th Anniversary of the Assassination).
>
> 50 Cent Ticket.   *ADMIT ONE.*

휘트먼의 강연 '링컨 대통령의 서거' 입장권, 1880년 4월 15일.

링컨 대통령 암살과 서거.

1865년 4월 14일 워싱턴 D. C. 포드극장에서 링컨 대통령이 존 윌크스 부스라는 배우에게 총상을 입고 다음 날 아침 7시 22분에 사망했다. 휘트먼은 「오 함장님! 나의 함장님!」에서 링컨 대통령의 죽음을 애도했다. 이 시에서 링컨의 이름은 등장하지 않고 '함장'으로 일반화되었는데, 이는 지도자가 죽은 뒤 획득하는 '신화적 위상'을 암시한다.

거리의 창녀에게
To a Common Prostitute

마음을 가라앉히라, 내가 함께 있으니 마음을 편히 가지라,

나는 월트 휘트먼이라, 나는 자연처럼 관대하고 욕망으로 충만하니,

햇빛이 그대를 배제하지 않거늘 나도 그대를 배제하지 않으리라,

바다가 그대를 위해 반짝이기를, 나뭇잎이 그대를 위해 바스락거리기를 거부하지 않는 한, 나의 말도 그대를 위해 반짝이기를, 바스락거리기를 거부하지 않으리라.

그대여, 내가 새로운 언약을 세우노니, 나를 맞기에 합당한 준비를 하라,

또한 명하거늘 그대는 내가 올 때까지 인내하고 흠이 없도록 하라.

그때까지 나는 그대에게 의미심장한 눈으로 안부를 물으리니, 이는 그대가 나를 잊지 않게 함이라.

학생에게
To a Pupil

개혁이 필요한가? 그대가 할 것인가?
큰 개혁일수록 그만큼 큰 인격이 필요하다.

그대여! 눈과 피와 얼굴빛이 맑고 상냥하면 얼마나 큰 도움이 되는지 모르는가?

그런 몸과 마음을 가지면 군중 속으로 들어갈 때 그대의 열정과 통솔력의 기운이 그대와 함께 들어가고 그대의 인격이 모든 사람에게 깊은 인상을 주는지 모르는가?

오, 그 끌어당기는 힘! 거듭거듭 몸!

친구여, 필요하면 모든 것을 버리고 가라, 가서 용기와 현실, 자부심, 확고함, 사기를 높이기 위해 스스로를 단련

하라,
 그대의 인격이 확고해지고 세상에 드러나기까지 쉬지 말라.

나는 결국 누구인가
What Am I After All

반복해서 들리는 내 이름이 귀에 즐거운 나는 결국 어린 아이일 뿐 아닌가?
홀로 떨어져 그 소리를 들어 보아도 전혀 질리지 않는다.

당신의 이름도 당신에게 그러리라.
당신은 자신의 이름에 두세 개의 소리만 있다고 생각했는가?

맑은 한밤중
A Clear Midnight

　지금은 무언가로의 자유로운 비상을 할 시간이로구나, 오 영혼아,
　책에서 멀리, 예술에서 멀리, 낮은 지워지고 수업은 끝났으니,
　소리 없이 나타나 가만히 바라보며,
　밤과 잠과 죽음과 별,
　네가 가장 좋아하는 주제를 음미하는 너.

시간이 다가옴에 따라
As the Time Draws Nigh

구름이 어두워지는 시간이 다가옴에 따라
　그 너머에 무엇이 있을지 모를 두려움에 마음이 흐려진다.

　떠나야겠다.
　한동안 강산을 돌아다녀야겠다. 어디로, 얼마나 오래일지 알 수 없다.
　어쩌면 얼마 지나지 않은 어느 날 밤 또는 낮이라도 노래를 부르는 도중 목소리가 갑자기 끊길지 모른다.

　오 책이란, 노래란! 그 모든 것의 종말은 결국 이런 것인가?
　우리의 삶은 결국 시작된 곳에 도달할 뿐인가?—오 영혼이여, 그래도 그것으로 족하다,

오 영혼이여, 우리는 세상의 무대에 적극적으로 출연했다—그것으로 족하다

영혼을 생각하라
Think of the Soul

　영혼을 생각하라
　맹세코 영혼은 육신의 일부를 받아 다른 영역에서 산다
　어떻게 그러한지 모르지만 나는 그러함을 안다

　사랑하기와 사랑받기를 생각하라
　맹세코 네가 누구든, 그런 생각과 혼연일체가 되면 모든 사람이 너를 동경할 것이다

　과거를 생각하라
　경고하건대, 다른 사람들이 너 자신에서 또 네가 보낸 시간에서 자신들의 과거를 발견할 날이 금방 올 것이다

　인류의 끈은 절대로 끊어지지 않는다―남자도 여자도 그 끈에서 벗어나지 못한다

모든 것이—사물이든 영혼이든, 자연이든 국가든, 너 자신 또한—앞선 것과 뒤엉켜 있다

언제나 반가운 반항아들을 상기하라, (그들의 어머니를 우선하라)
이 땅의 현자와 시인, 구원자, 발명가, 입법자를 상기하라
그리스도를 상기하라, 그는 배척된 이들의 형제—노예와 중죄인, 바보의 형제요 미치광이와 병든 자들의 형제다

네가 세상에 태어나기 전의 시대를 생각하라
죽어 가는 이들의 곁을 지켰던 시간들을 생각하라
네 자신의 육신이 죽어갈 때를 생각하라

영혼의 결실을 생각하라
지구가 하늘을 운행하듯 그 안의 모든 것은 영혼의 결실이 있는 곳으로 이동할 것이다

남자다움을 생각하라, 남자다운 남자가 되는 것을 생각하라
남자다움과 남자다움의 향기가 아무것도 아니라고 생각하는가?

여자다움을 생각하라, 여자다운 여자가 되는 것을 생각하라
  창조는 여자다움이다
  여자다움은 모든 것을 감싼다고 내가 말하지 않았던가?
  최선의 여자다움보다 세상에 더 좋은 것은 없다고 내가 말하지 않았던가?

평범한 것
The Commonplace

건강은 얼마나 값싼가! 고귀한 태생은 얼마나 값싼가!

절제하고 기만하지 않고 폭음폭식이 없고 열망하는 삶은 어떤가—

나는 찬미한다, 바깥의 자연을, 자유와 관용을,

(책보다는—학교보다는—여기서 가장 주된 교훈을 배우라)

평범한 낮과 밤을—평범한 육지와 바다를,

당신의 농장을—당신의 일과 장사와 직업을, 모두를 위해 그 모든 것을 받치는

견고한 지반 같은 민주주의의 지혜를.

옮긴이의 말 | 해제

나 찬미하노라 나 자신을

월트 휘트먼이 동시대 및 후대에 끼친 영향은 측량하기 어렵다. 그로부터 영향받은 작가로는 T. S. 엘리엇과 윌리스 스티븐스, D. H. 로런스, 페데리코 가르시아 로르카, 페르난두 페소아, 호르헤 루이스 보르헤스, 기욤 아폴리네르 등 수없이 많다.

휘트먼은 "민중을 사랑"하고 "문화와 예술, 정치 분야의 엘리트 의식을 격렬히 꾸짖은" 시인이자 사회 비평가였으며, "민주주의의 미래는 민중의 손에 달려 있다"고 믿었다. 문학적으로는 19세기 전반에 풍미하던 낭만주의를 이어받았고, 종교적으로는 개신교의 자유주의 신학 사상 특히 범신론을 수용했다.

휘트먼은 동시대인인 에머슨이나 롱펠로와 마찬가지로 자연을 노래하지만 이와 동시에 도시를 찬미한다는 점에서

---

* 참고 문헌: Killingsworth, 16쪽.

그들과 다르다. 그들에게는 자연이 물질주의의 압박에 시달리는 이들에게 위로를 주는 피신처라면, 휘트먼에게 자연은 하나의 '육신'이다. 그는 자연을 하나의 "물질적 독립체로서 인격을 띤 에로틱한 것"으로 묘사한다. 그래서 자연은 휘트먼의 "물음과 탐색을 부추기기도 하고 물리치기도"[*] 한다. 그런데 그에게 인간의 육신과 자연의 육신은 서로 분리된 것이 아니다. 휘트먼은 시 전체를 통해 자연 안에 들어가고 자연은 그의 육신 안에 들어온다.

휘트먼의 독서 범위는 광범위했다. 셰익스피어를 비롯한 영국과 미국의 시인들을 탐독하기도 했지만, 조르주 상드와 같은 동시대 작가의 대중소설을 읽기도 하고 직접 소설을 쓰기도 했다. 그뿐 아니라 영어를 깊이 파헤치고 미국 영어에 대한 에세이를 썼을 정도로 언어 자체에도 깊은 관심을 기울였다. 무엇보다 휘트먼에게 가장 큰 영향을 미친 책은 『킹 제임스 성경』이었다. 그러나 그는 교회와 정부의 분리를 주장했으며 "월급을 받는 성직자들과 조직화된 종교를 의심"하고 믿지 않았다.[†] 성경의 「시편」은 형식 면에서 그의 '자유시'의 모델이 되었다.

---

[*] Killingsworth, 20쪽.

[†] Killingsworth, 22쪽.

초판이 출간되고 '임종판(Death-bed edition)'이 나오기까지 36년 동안 『풀잎(Leaves of Grass)』은 12편에서 400여 편으로 늘어났다. 초판의 12편은 여러 형태로 수정되어 임종판에 포함되었다. 이 임종판은 '1891-1892년 판'으로 부르기도 하는데, 이는 1891년에 판권 등록이 되었고 1892년에 출간되었기 때문이다. '판(edition)'이라고는 하나 엄밀히 말해 『풀잎』이라는 제목으로 새로 추가된 것이 없이 (1881년 판을 철자와 구두점 등 스물세 군데를 살짝 고친 정도) 출간된 아홉 번째 시집이므로 '쇄(impression)'라고 하는 게 맞지만 편의상 'edition'으로 통용된다. 이 1881년 판은 모두 293편으로 이루어져 있으며, 1881년 이후의 시는 엄격한 의미에서의 『풀잎』에는 포함되지 않는다. 그러나 1881년 이후에 쓴 시는 '1891-1892년 판'에 '부록(annex)'으로 포함되긴 했으나 모두 293편으로 이루어진 『풀잎』의 구성에는 포함되지 않는다. 이 293편은 12개의 시군(詩群)으로 나뉜다.

내 영혼이 말하기를

휘트먼은 이 시를 『풀잎』의 제사(題詞)로 삼는다. 가극의 서곡(序曲)과 같다고도 할 수 있다. 속표지에 쓰인 이 시는 휘트먼이 어떤 시를 쓰고자 하는지를 밝힌다.

아티초크의 선집에서 이 시를 포함해 「나 자신의 노래」까지는 '제사(Inscriptions)' 시군에 속한다.

자아를 노래한다

"집단"으로 옮긴 "en-masse"는 '무리'나 '대중'으로 새길 수도 있다. 여기서 "집단"은 개인주의적이면서 민주주의(평등)적이며, 이 개인주의는 공동체와 그리고 동지애와 조화를 이루는 개인주의다. 휘트먼은 이 개념이 연방(조합)과 민주주의에 필수불가결하다고 보았다.

전기를 읽을 때

시인은 자신의 영혼에게 말한다. 이 영혼은 「나 자신의 노래」 5편에서 "나의 다른 한쪽"과 같다. 한 사람의 일생은 초월적이며 경험적 사고방식의 포괄 범위를 벗어난다. 전기에는 인생의 일부만이 쓰여지고 드러나지 않는 부분이 더 많다. 자기 자신도 모르는 인생을 어떻게 다른 사람이 이해해서 전기로 쓰냐는 것이다.

나 자신의 노래

1855년에 출간한 첫 시집 『풀잎』에서 맨 처음을 장식하는 장시 「나 자신의 노래(Song of Myself)」는 파격적인 어휘와 형식, 전복적인 내용으로 휘트먼을 전통을 깨는 시인으로 만들기에 충분했다. 휘트먼 자신은 처음에는 그렇게 생각하지 않았지만, 그는 "형식의 파괴자"였다. 형식도 형식이지만, 내용 면에서도 보들레르가 그랬듯이 완전히 새로운 것을 창조했다.* 1881년 『풀잎』이 최종적인 모습을 갖췄을 때 「내 영혼이 말하기를」과는 별도로 24편의 시와 「포마녹(롱아일랜드)에서 시작하여(Starting from Paumanok)」와 「나 자신의 노래」가 'Inscriptions(제사)'라는 이름의 시군에 묶여 수록되었다.

「나 자신의 노래」는 모두 52편으로 이루어져 있다. 초판에서는 제목이 없었으며, 2판에 제목이 붙었지만 계속 바뀌다가 1881년 6판에 이르러 「나 자신의 노래」라는 제목으로 굳어졌다. 이 선집에서는 첫 6편과 마지막 2편을 뽑아 실었다.

「나 자신의 노래」는 휘트먼의 시적인 탄생, 그리고 '자각'에 따른 삶의 여정을 그린다. "나"라는 시인은 혼자가 아니다. "그대"라는 시인의 동지 즉 독자가 함께 있다. 휘트먼은 이 시에서 평등을 노래한다. 처음에는 "나"를 찬미하고 노래하지만, 독자는 곧 그것이 모든 사람에 대한 찬미라는 것

---

* Williams, 79쪽.

을 알게 된다.

1

첫 행의 "나 찬미하노라 나 자신을(I celebrate myself)"은 『모비딕』(1851)의 첫 문장 "나는 이스마엘이라고 한다(Call me Ishmael)"와 함께 미국문학의 지평을 바꾸어 놓았다.* 영시의 전통 운율의 하나인 약강오보(弱强五步)의 시행으로 시작하지만, 그다음 행부터 바로 주제에 따라 길이와 운율이 다른 자유로운 시행이 펼쳐진다. 전통과의 결별을 분명히 하는 제스처인 듯하다.

전통 서사시와는 달리 시인은 시혼(Muse)을 불러 노래하게 하지 않고 스스로 시혼이 되어 자신이 직접 노래한다. 그리고 그 서사시의 주제마저 자기 자신임을 알린다.

2행의 "그대도 내가 하는 대로 하라"라는 명령이 오만하게 들린다면, 바로 그다음 행에서 그 오만함은 금방 자취를 감춘다. 시인인 자기와 독자가 똑같다는 것이다.

"그대"는 "you"의 번역어다. "그대"도 그렇지만, '너'나 '너희'나 '당신'은 이 시에서 "you"의 번역어로 미흡하다. 여기서 "you"는 평등무차별적 대명사로서 가장 '민주주의적'인 단어이기 때문이다.

---

* Miller, 45쪽.

1행은 "나는 내 마음을 살핀다, 나는 오직 나에게 관심이 있다, 나는 반성하고 또 반성한다, 나는 나를 좋아한다"라는 몽테뉴(1533-1592)의 명상과 비슷하다.*

"교의와 학교(creeds and schools)"는 책을 통해 여과된 세상을 보여 준다. 매력적이고 마음이 쏠리기 쉽지만 해로울 수 있다. 그것들은 나름 소용이 있을 때가 있지만, 우리를 속박하는 그 모든 종교의 신조와 학교 교육을 일단 접어 두고 자연으로 나가, 자연이 말하도록 하라는 구절에서 우리는 휘트먼의 범신론적 생각을 읽을 수 있다. 우리는 선과 악에 대한 선입관과 학습된 지식을 초월한 여행을 떠난다. "나 자신"을 벗어나는 여행임과 동시에 "나 자신"을 찾는 역설적인 여행이다.

"공기(air)"는 평등과 편재의 상징이다. 휘트먼의 "대기(atmosphere)"는 스피노자에게는 "영원한 모습(specie aeternitatis)"이고 기독교 신비주의자들에게는 "온 세상을 지탱하는 하나님의 사랑"이다.

휘트먼은 『풀잎』을 쓰기 시작한 "서른일곱 살"부터 "죽기까지 노래를 그치지 않기를 희망"한다. 실로 그는 평생 『풀잎』을 개정하고 증보하여 새로이 펴내는 작업을 그치지 않았다.

---

* Miller, 47쪽.

시인 에이드리언 리치가 이 "시작"은 남들이 걸어간 길을 똑같이 밟는 것이 아니라고 말했듯이 휘트먼이 말하는 시작은 아직 아무도 밟지 않은 길에 발을 들여놓음을 의미한다.

2

자연의 "추출물" 즉 "선반마다 빽빽하게 들어찬 향수"는 책이다. 휘트먼도 책을 많이 읽고 좋아해서 누구 못잖게 그 향기에 취할 수 있지만 과감히 그것을 물리친다. 그는 그 "추출물"의 원천인 "자연" 즉 "대기"를 향한다. 그리고 후각과 청각, 촉각, 시각, 미각을 전부 연다. 그랬을 때 흥분으로 박동하며 불처럼 타오르는 가슴이 "내쉬는 숨"은 "연기(smoke)"다. 시인은 우리에게 자기가 하라는 대로 하면 더 이상 다른 사람의 생각으로 생각하거나 책을 통해 생각하지 않고 각자 스스로의 힘으로 생각할 수 있으리라고 약속한다.

휘트먼에게 시는 '마음'이 아니라 '몸'에서 나온다. 생명의 근원인 "숨" 즉 "호흡"은 그에게 영감(시혼) 그 자체다. 그는 들이쉰 공기를 호흡으로 태워 연기로 즉 시로 바꾸어 대기로, 세상으로 내보낸다.

"트림(belch)"은 시에 쓰기에는 상스럽고 파격적인 어휘로서 "사회적, 성적(性的) 금기로부터 해방"되는 시인의 모습을 좀 더 분명히 나타낸다.*

3

인생에서 중요한 것은 과거나 미래보다 지금 이 순간이다. 기독교인들이 말하기 좋아하는 창조도 심판도, "시작도 종말"도 휘트먼에게는 "지금" 이 순간보다는 중요하지 않다.

씨실과 날실로 천을 짜듯 독자성을 짜는 자연의 수고는 끊임없이 되풀이된다. 나와 타자, 과거와 미래가 씨실과 날실로 엮인다. 이렇게 "나"라는 "독자성"을 가진 존재가 "직조(a knit of identity)"되었다. 모든 사람들과 평등한 동시에 "독자성"을 가진, "구별"된 존재인 "나"는 영원한 지금이라는 "이 신비" 속에 서 있다.

4

사방에서 사람들이 잡아당겨도 시인은 일관된 속사람을 유지한다. 그는 역사랄지 현실이랄지, 세간의 덧없는 일에 흔들리지 않는 자기중심을 역설한다. 헨리 데이비드 소로는 "홀로 성찰하는 생활이 없는 대화는 그저 잡담이 되어버릴 뿐"이며 "신문을 보거나 주변에서 들어 뻔히 아는 얘기

---

* Miller, 53쪽.

를 하지 않는 사람이 드물다"고 한다.* 휘트먼은 그런 생활에서 벗어나 자기 자신의 목소리에 귀를 기울인다.

세상 사람들의 "끌고 잡아당김(pulling and hauling)"으로부터 해방되는 길은 우리 자신 안에 있다. 그들은 이러저러한 말과 행동으로 우리의 시간을 빼앗고 우리의 동의와 동조를 구한다. "나 자신"을 지키려면 그런 모든 일로부터 거리를 지킴이 마땅하다. 이는 고립을 의미하지 않는다. "참여하면서도 참여하지 않고" 그러면서 "관찰하며 기다린다(witness and wait)"는 것은 "나 자신"을 찾는 자세이며, 이는 홀로 반성하는 삶과 다른 사람들과의 관계를 병행할 때 가능한 일이다. "나 자신이 아니다"는 '본질적인 나'의 목소리와 무관하다는 말이다.

5

시인은 어느 여름 아침의 형이상학적 경험을 노래한다. 그는 "목청을 느슨하게 열어" 놓음으로써 "학교"에서 억제된 '목소리'를 해방시킨다. 그랬을 때, 그 목청에서 나오는 소리는 말없이 작게 흥얼거리는 엄마의 자장가 같은 "기분 좋은 소리"이며 "웅얼거림"이다. 휘트먼이 듣는 이 소리는

---

* Folsom, Section 4.

그의 시를 읽는 우리 각자의 목소리이다.*

『드라큘라』(1897)의 저자 브램 스토커(1847-1912)는 휘트먼의 팬이었다. 아닌 게 아니라 "가슴에 혀를 찌른" 휘트먼의 연인은 뱀파이어의 이미지다. 휘트먼은 독자인 우리가 그의 화신(化身)인 시에서—그야말로 '풀잎' 같은 시에서—뱀파이어처럼 자양분을 흡입할 것을 기대한다.

성서(聖書)를 떠올리게 하는 "평화와 앎(peace and knowledge)"은 "사랑"의 근간이다.

6

휘트먼은 풀밭을 거닐며 풀잎들을 땅에 묻힌 죽은 이들의 환생으로 상상한다. 그리고 "입천장 아래"에서 자라난 풀들의 혀가 발(發)하는 말을 듣는다.

풀잎은 모두 "동일한 상형문자"라서 그런 문자로 전하고자 하는 내용의 해석은 많은 노력을 요한다. 죽어 땅에 묻힌 이들이 말하고자 하는 바를 알려면 그들의 "혀"에서 자라난 또는 환생한 풀, 그 "상형문자"를 읽을 줄 알아야 하는데, 그것을 해석한 시인은 "사실 죽음이란 없음"을 읽어 낸다. 한편 "동일"함은 평등을 암시한다.

풀잎은 "내 기질의 깃발"과 "하나님의 손수건", 즉 초록빛

---

* Folsom, Section 5.

희망의 상징이다. 우리는 풀 한 잎에서 영원을 엿볼 수 있기 때문이다.

51

"과거와 현재"가 풀잎처럼 시든다. "풀잎" 즉 leaf는 책의 종이 한 장을 뜻한다. leaf 두 장은 종이 한 장을 접은 것이며 이것은 fold 하나를 이룬다. (종이 한 장을 접으면 두 장이 되고 페이지 수로는 네 페이지가 되는 것이다. 이렇게 접힌 부분은 실로 제본되어 책등에 꿰인다. 휘트먼이 책을 직접 만들어 본 경험이 있기에 나오는 비유이다.) 휘트먼은 1편부터 시작해 여기까지 책장(fold)을 하나하나 시로 "채웠고", 채운 것을 독자인 우리에게 쏟아 "비웠다". 그리고 미래의 책장을 채운다. 이 미래의 책장은 빈 종이이며 독자가 함께 채워야 한다.

휘트먼은 51편을 들여다보고 있는 우리를 책 속에서 올려다보며 "이보오" 하고 말을 건다. 이 시집을 펼쳐 그의 시를 읽는 것은 그의 얼굴을 들여다보는 것과 같다고 할 수 있다. 이제 한 편만 더 채우면 「나 자신의 노래」는 다 채워진다. 그는 날이 저물었으니 가기 전에 우리에게 하고 싶은 말을 하라고, 우리만의 시를 쓰라고, 지식의 원천을 찾아 떠나자고, "내가 하는 대로 하라"고 촉구한다.

휘트먼은 자신이 하는 말들이 "모순"될 수 있다는 것을 잘 안다. 우리는 오늘 깨닫지 못한 것을 내일 깨달을 수 있다. 마음을 열어 놓고 있으면 자아는 끊임없이 진화한다. 우리는 "다수"의 자아로 형성되어 왔으며 앞으로도 계속 확장될 것이다. 그 수많은 자아가 내는 목소리 중 선한 것을 분별해 들으려 노력하면서. 새로운 경험을 한 오늘의 자아는 더 이상 어제의 자아가 아니다.

"모순된 말"은 성장의 표시일 수 있다. 에머슨은 "미련한 일관성은 하찮은 정치가들이나 철학자들이 숭앙하는, 소인배들의 악령이다 (……) 지금 당신이 생각하는 바를 확고한 언어로 말하라, 그리고 내일은 또 내일 생각하는 바를 확고한 언어로 말하라, 그것이 비록 오늘 말한 것과 모순될지라도 (……) 위대해지는 것은 오해받는 것"이라고 했다. 이는 3편의 "끊임없이 직조되는 독자성"을 달리 설명해 주는 말이다. "직조(knit)" 즉 뜨개질처럼 짜임은 풀림(해체=죽음)의 잠재성을 품고 있다.

"내가 모순된 말을 하는가? 그래 좋다, 나는 모순된 말을 한다." 이 구절은 제임스 조이스(1882-1941)의 『율리시즈』에 그대로 인용되기도 한다. 이뿐 아니라 여러 구절이 인용되며 『피네건의 경야』에서는 휘트먼의 이름 자체가 언급된

---

* Folsom, Section 51.

다. 조이스의 서재에 휘트먼의 초상화와 『풀잎』이 있었다는 사실을 떠올리면 그럴 법도 하다. "19세기 말 영국에서 휘트먼의 명성은 스윈번이 그를 '대지(大地) 신의 자유'를 지닌 시인이라고 칭송"한 데서도 엿볼 수 있다.*

52

휘트먼은 작별 인사를 고한다—"바람처럼 떠난다". 그의 육신은 흩어져 자연의 일부가 된다. 그래서 그는 지금 우리의 눈에 보이지 않지만 우리가 찾고자 하면 어디서든 찾을 수 있다. 휘트먼은 계속 흙 속에서 썩고 저 바람 속에 흩어져 뜻하지 않은 곳에서 풀잎이 되어 자라난다.

휘트먼은 "매"이며, 흘러가는 "구름"의 일부분, 신발창 밑의 "풀"이요 흙이며, 황무지에 깔린 "그늘"의 일부분이다.

"조각조각난 레이스천"은 아름다운 모양의 곡선과 직선으로 울퉁불퉁하게 이루어진 활자를 가리킨다. 육신은 죽고 썩어 자연 속으로 돌아가 흩어질지라도 그의 시는 종이에 인쇄되어, 그의 화신으로 우리를 기다린다. 그러나 그의 시는 "매의 울음소리처럼 번역이 불가능하다."

「나 자신의 노래」는 "나"로 시작해서 마침표 없이 "그대를"로 끝난다. 그다음에 이어질 시는 어떤 시가 될지, 그것

---

* Gifford, 22.

은 "그대" 즉 우리 자신에게 달렸다.

오, 민주주의여, 그대를 위하여

이 시에서 「활기에 가득한 지금」까지는 '창포(Calamus)' 시군에 속한다.

휘트먼이 "민주주의"에 느끼는 사랑은 동성의 "동지"에게 느끼는 사랑과 같다. "남성적 사랑(manly love)"은 단순하지 않은 관념이다. 순수한 형제애라는 의견, 승화된 동성애라는 의견, 동성애 공화국을 가리킨다는 의견 등이 있지만, 휘트먼은 "'창포' 시군의 주요 메시지는 정치적 의미에 있다"고 밝혔다. '창포' 시군의 저변에 흐르는 동성애에 대해서는 분명히 인정하지도, 완강히 부인하지도 않았으나 그가 사용하는 "comrade(동지)"라는 말은 19세기에 "게이의 자의식과 해방"을 주창하는 이들 사이에서 그들만의 "식별 암호"처럼 사용되었다.* 휘트먼은 피터 도일(Peter Doyle)이라는 "동지"와 1865년에 처음 만나 죽을 때까지 친분을 유지했다.

한편 프랑스의 철학자 질 들뢰즈는 "동지들의 교제는 혁명적인 아메리칸 드림이며, 휘트먼은 이 꿈에 강력한 기여

---

* Killingsworth, 18.

를 했다"고 증언한다.*

넘실거리는 군중의 바다로부터

이 시는 '제사' 시군에 이어 '아담의 자식들(Children of Adam)' 시군을 이루는 16편에 포함되어 있다. 원래는 휘트먼의 시에 반감을 가진 남편에게 그를 옹호하는 여성 팬을 생각하고 쓴 것으로 알려져 있지만 '아담의 자식들'에 포함되면서 다른 의미를 띠고 이 시군의 주제가 되는 시로 기능한다.

바다에서 떨어져나온 연약한 물 한 방울은 사회 관습과 통념에서 벗어나 육체와 감각적 삶을 긍정하게 된 자아의 실존적 위기감을 나타낸다고 볼 수 있다. "대순환" 속에 "응집"하는 두 사람, 사랑하는 두 사람을 영원히 떼어놓을 수는 없다. 존재론적 위기감에 대한 해결책은 "대순환"과 자신의 정체성을 자각한 모든 이의 "응집"이다.

당신은 내게 끌리기 시작했나요?

휘트먼은 독자를 불러들여 경험의 환상과 실재의 차이에 대한 이해를 도모한다.

---

* Deleuze, 60.

사랑을 열망하는 그 사람
'아담의 자식들' 시군의 다른 시들과 마찬가지로 인간과 성적인 본능을 연결시키고 성의 표출과 모호한 성별의 구분을 찬양한다.

자연 그대로의 순간들
'아담의 자식들' 시군에 포함된 것으로 시인은 사회가 강제하는 도덕적 가치관을 피하고 "한밤의 환락"을 택하고자 한다. 그는 "상스러운 사람", "자유분방하고 무례하고 무식"한 사람, "세상이 기피하는" 모든 사람들을 위한 시인이 되리라고 말한다. '자연'은 휘트먼에게 '사물과 현상의 물질계'와 '물질계를 통제하는 원동력'이라는 양면적 의미를 띤다.

불타올라 연소하는 어떠한 열기도
"불길"은 관계의 위험성을 암시한다. '창포' 시군에서 남성 간의 사랑을 가장 로맨틱하게 그리는 시이다.

핏방울
시인이 자신의 얼굴과 가슴에 상처를 내고 그 피로 책장을 물들이는 가학피학적 환상은 「나 자신의 노래」 5편에서 "맨살이 드러난 가슴에 혀를" 찔러 넣는 이미지를 떠올린다. 이 환상에서 칼날은 '풀잎'의 변환인 듯하다. 6행의 "내가 감춰졌던 곳"과 "고백"에 동성애가 암시되어 있다.

지나가는 낯선 이여

시인은 지나가는 사람을 보고 이성애와 동성애가 혼재하는 꿈을 꾼다. "지나가는 낯선 이"는 과거를 소환하고 미래를 기대하게 하는 욕망의 대상이 된다. 시인은 이루지 못한 욕망의 외로움과 시각적 접촉의 즐거움, 교제를 갈망하는 마음을 기록한다.

우리, 밀착하는 두 남자

'창포' 시군의 다른 시들과 달리 이 시에서 두 남자의 애정은 활동을 함께하는 것으로 나타난다. 도둑질과 협박 등 반사회적 행동도 보이는데, 휘트먼 자신이 뉴욕 바우어리(Bowery) 거리에서 거친 무법자들과 어울렸던 경험을 반영한 듯하다.

어떠한 기계도 만들지 못했지만

"문학적 성공"도 하지 못했을 뿐 아니라 아무것도 이룬 게 없다고 말하는 게 언뜻 가장된 겸손인 듯하지만 이 시를 쓰기 전인 1850년대까지만 해도 대중의 인기를 얻지 못해서 실제로 낙담했으리라고 추측해볼 수 있다.

언뜻 작은 틈으로
남자가 남자의 손을 잡았을 때의 정신적 정동(情動)과 감격을 묘사하고 있다.

때로는 사랑하는 사람 때문에
응답되지 않은 사랑, 짝사랑도 헛되지 않다. 「핏방울」과 함께 욕망의 좌절과 괴로움에서 나온 시이다. 우정이나 사랑에 부침(浮沈)이 있을지언정 어떤 형태로든 그에 대한 보상을 받는다고 시인은 생각한다. 짝사랑으로 인한 분노마저 "이 시"를 쓰게 해주므로 그것이 보상이라는 생각이다. 예술은 고뇌에서 나오고 사랑 때문에 마음이 아플수록 예술에는 더 좋다는 시문학의 보편적 주제를 보여준다.

단단히 닻을 내린 영원한 사랑이여!
여자에 대한 사랑은 "단단히 닻을 내린" 사랑이며 남자에 대한 사랑은 육신에서 분리되어 "정신적"인 것이라고 한다. 당시 동성애적인 시를 쓴다는 비난을 피하려 플라톤의 『심포지움』에서 빌린 듯한 생각이 "강건한 실체"라는 말과 충돌을 일으킨다.

군중 가운데

많은 사람들 가운데 자기의 짝을 분별하고 그들만이 알 수 있는 은밀한 신호를 보내 두 사람이 동일한 욕망을 가지고 있음을 알린다.

내가 조용히 자주 찾아가는 그대여

「군중 가운데」와 대조되는 상황을 그리고 있다.

생기에 가득찬 지금

휘트먼이 미래의 독자, 우리를 찾는 시다. 이 선집의 독자는 이미 그의 '풀잎'을 접했고, "책장"을 한 잎 한 잎 넘겨 여기에 이르렀으니, 휘트먼은 소기의 목적을 이루지 않았는가.

나 자신과 나의 것

'철새(Birds of Passage)' 시군에 속하는 이 시에서 휘트먼은 우리에게 자기처럼 자신감을 갖고 독자적인 삶을 살라고 한다. "나로 내 멋대로 살게" 내버려두라고 한다.

그는 충성심이 비판에서 온다고 생각한다. 충성의 가장 좋은 형태는 비판이라는 것이다. 친구들은 어차피 나와 비슷한 생각과 신념을 가지고 있어서 친구가 되었으므로 그들의 말에 귀를 기울일 필요가 없다. 적들은 나와는 달라도 그들의 생각은 내 것보다 더 훌륭한 것일 수 있다.

그는 "저명인사를 칭송"하지 않고 정직한 처신을 위해 그들을 비판한다. 상대방이 "대답할 수 없는 질문"이야말로 물을 가치가 있는 질문이다. "나를 해설하는 사람들을 언제나 무시하라"는 말은 이 옮긴이의 해설을 무색하게 만든다.

눈물

「밤의 해변에서」와 함께 11편으로 구성된 '표류(Sea-Drift)' 시군에 속한다. 바다에서 들이치는 "물보라"는 화자의 외로운 삶이다. 그것은 그/녀가 흘리는 "외로움의 눈물"이다. 그/녀는 그 눈물이, 그 물보라가, 그 바다가 밀려 나가기를 바란다. 『풀잎』의 다른 많은 시에서처럼 바다는 삶에 대한 은유로 쓰인다.

밤의 해변에서

아버지가 "별보다 더 영원한 게" 있다며 아이를 위로한다. 그게 무엇인지는 말하지 않지만 우리는 그게 '영혼'이라고 추측해 볼 수 있다.

아, 나란 존재는! 아, 인생이란!

괴로움으로 가득한 인생일지라도 존재한다는 것 자체는

존재하기에 충분한 이유이다. 생명이 있다는 것, 살아 있다는 것 자체는 살아갈 충분한 이유이다. 간혹 우울해지고 자기연민에 빠지더라도 인생은 살아갈 만한 것이다. 인생의 무대에는 언제나 한 편의 극이 상연되고 있다. 그 시나리오에 기여할 대사 한 줄, 시 한 편을 쓰는 것만으로도 인생은 살아갈 가치가 있다.

나는 세상의 그 모든 불행을

휘트먼은 남북전쟁(1861-1865)이 임박해서 그의 눈에 보이는 불행의 목록을 적고 있다. 그리고 그 모든 불행에 침묵이 답이라고 결론짓는다. 민주주의의 원칙을 수호하기 위해서는 선과 악이 평등한 경쟁을 하도록 내버려둘 수밖에 없다.

화해

"모든 것을 덮는 말"에서 "말"은 "화해"를 가리킨다. '북소리(Drum-Taps)' 시군에 속하는 이 시에서 시인은 남북전쟁이 끝난 뒤 남군과 북군의 화해, 더 나아가 온 인류의 화해를 기대한다. "죽음"과 "밤"은 여성으로 의인화되었다. 역설적으로 들릴지 몰라도 죽음과 밤은 부드럽다. 죽음과 밤은 위로의 시간, 모든 것을 씻어 새롭게 해 주는 시간이다.

오 함장님! 우리 함장님!

휘트먼의 다른 시들에 비해 정형시에 가까운 이 비가는 1865년 링컨 대통령의 서거를 슬퍼한다. 이런 시 4편이 '링컨 대통령을 추모하여(Memories of President Lincoln)'로 분류되는 시군을 이룬다.

휘트먼은 비가(悲歌)와 관련하여 존 밀턴으로부터 내려온 영문학 전통을 따라 대상을 일반화하고 링컨의 이름을 드러내지 않는다. 이로써 대상은 "신화적 위상"을 획득한다.*

거리의 창녀에게

이 시와 「학생에게」 「나는 결국 누구인가」는 모두 38편으로 이루어진 '가을의 개울들(Autumn Rivulets)' 시군에 속한다. '가을'이라는 계절이 암시하듯 육체적인 면을 주로 다루던 시에서 정신적인 것으로 이행한다. 한 줄기가 아닌 여러 줄기의 '개울들'은 형식이나 주제가 일정하지 않음을 암시한다.

"내가 새로운 언약을 세우노니"는 신약성경 요한복음의 "가서 더 이상 죄를 범하지 말라"(8장 11절)는 말씀을 대신한다. 사회의 버림받은 부류와 새로운 언약을 맺는 '완전한 인간'인 셈이다. 마지막 행의 "의미심장한 눈으로 안부를 물

---

* Killingsworth, 63쪽.

으리니"는 언약의 징표이다. 창녀를 공공의 영역으로 또 중산층의 집안으로 불러들임으로써 그들의 신분을 향상시켜주는 시(詩)라는 형식이 바로 그 "의미심장한 눈"이다.

"그대여"로 옮긴 "my girl"은 여러 가지로 해석할 수 있는 호칭으로 동지애의 표현이며 가부장적인 시선도 느껴진다. 어쨌든 휘트먼은, 이 선집에는 포함되지 않은 「나는 전기 같은 몸을 노래한다(I Sing the Body Electric)」에서 "인간의 몸은 신성하다"고 말한다. 그것이 창녀의 몸이든 이주 노동자의 몸이든 "어느 누구의 몸이든" 몸이란 영혼 못잖게 신성한 것이라며 영혼의 구원을 위해 육신을 비하하는 세상의 위선에 맞선다.[*]

맑은 한밤중

22편으로 이루어진 '정오에서 별이 빛나는 밤까지(From Noon to Starry Night)' 시군의 마지막 시이다.

휘트먼의 후기 시의 특징들이 모두 드러나 있다. 즉 길이가 짧고 전통적인 시어를 쓰고(you 대신 thee, thou와 같은), 전통 정형시와 유사한 운율을 갖추고 있으며, 노년에 접어들어 죽음과 영성, 영혼이라는 주제에 몰두한다. 영혼의 상징적인 여행("비상")을 이야기한다. 이제는 영혼이 이

---

[*] Killingsworth, 16.

'풀잎 책'을 덮고 "무언가로의 자유로운 비상을 할 시간"이다.

시간이 다가옴에 따라

『풀잎』의 마지막 시군인 '이별의 노래(Song of Parting)'에 속하는 시이다.

무엇이 있을지 모를 "그 너머"는 죽음에 대한 불안 요인이다. 햄릿은 "그 너머"를 생각하고 결국 삶을 택하지만, 그것은 미지의 영역으로 가느니 눈앞의 고난을 짊어지는 선택이다. 한데 휘트먼은 햄릿의 동기와 달리 "그것으로 족하다"고 긍정적 선택을 한다. 그저 한평생 살았다는 것만으로 족하다는 것이다.

영혼을 생각하라

이 시는 『풀잎』에서 제외되었다. 성경은 휘트먼의 시에 깊은 영향을 주었다. 어느 비평가는 『풀잎』에서 성경 구절을 인용하거나 바꿔 쓰거나 암시하는 곳이 200군데쯤 된다고 밝혔다. 휘트먼은 예수의 인도주의를 존경했다. 예수는 버림받고 "배척된 이들의 형제"라는 것이다.

평범한 것

'임종판' 두 번째 부록에 속한다. 자유와 관용, 평등이라는 민주주의의 주제는 이 시뿐만 아니라 『풀잎』 전체에 스며들어 있다.

∽

휘트먼이 말하는 사랑은 단순하지 않다. 그가 쓰는 용어부터 그렇다. 그는 "adhesiveness(점착성)"로 우정과 남성 간의 애정을, "amativeness(색정)"로는 이성 간의 사랑을 나타내는 단어로 구별해 쓴다. 전자는 육체적일 때가 있지만 반드시 성관계를 동반하는 것은 아니고 주로 '정신적 사랑'을 나타내는데, 그는 이 용어를 민주주의의 은유로도 쓴다. 후자는 남녀 간의 사랑에서 특히 성적인 면을 암시하는 용어로 구별된다. 어떤 쪽이든 근간(내용골)은 평등을 인정하는 민주주의다. 당시 독자들은 휘트먼의 시에서 성적인 암시를 넘어 그런 사랑의 중요성을 역설하는 민주주의의 개념을 보지 못했다.

∽

문학 번역, 특히 시 번역은 생명이 대부분 별로 길지 않은데 원작은 영생을 누린다. 왜 그럴까? 영국의 저명한 시인이자 번역가인 데이비드 콘스탄틴(David Constantine)은 원작 작가와 번역가의 시적 재능의 격차를 한 요인으로 본다. 그래서 재능이 서로 다른 번역가들이 자기는 좀 더 원작에 가까이 갈 수 있으리라 생각하고 간혹 새로운 시도를 한다는 것이다. 또 다른 요인으로는 대부분 번역문은 원문만큼 변화가 많지 않다는 점을 든다. 원문의 다양한 어휘 및 구문이 번역문에서 살지 않고 밋밋해진다는 것이다.

노련한 번역가이기도 한 소설가 무라카미 하루키는 "나이를 안 먹는" 번역은 없다고 한다. 번역은 결국 언어학적 테크닉의 문제이며 언어의 세부 요소들이 변함에 따라 번역도 자연스럽게 노화한다. 따라서 불멸의 원작은 있어도 불멸의 번역은 없다는 것이다. 어떤 사전이든 언젠가는 시대에 뒤떨어지는 것과 마찬가지다.

설상가상으로 한국이라는 특수 환경에서 번역 문학은 편집자와 불특정 독자를 의식한 합의적 결과가 되기 쉽다(한국만 그런 것은 아닌 듯하지만). 잘해도 빛이 안 나고 작은 실수라도 하면 욕먹는 게 운명인 번역가는 문학과 언어를 사랑하는 마음으로 최선을 다하는 데서 보람을 찾을 수밖에 없다. 그런 가운데 『오 캡틴! 마이 캡틴!』(2016) 개정증보판을 내면서 콘스탄틴과 무라카미의 말을 경종으로 삼지 않을 수 없었다.

— 공진호

인용·참고 문헌

Deleuze, Gilles. *Essays Critical and Clinical*. Trans. Daniel W. Smith and Michael A. Greco. London: Verso, 1998.

Folsom, Ed, and Christopher Merrill, eds. *The WhitmanWeb*. The International Writing Program, University of Iowa, and the Walt Whitman Archive, 2012. Web. 7 April. 2016. (http://iwp.uiowa.edu/whitmanweb/en).

Gifford, Don, with Robert J. Seidman. *Notes for James Joyce's Ulysses*. Berkeley and Los Angeles: University of California Press, 1988.

Killingsworth, M. Jimmie. *The Cambridge Introduction to Walt Whitman*. New York: Cambridge UP, 2007.

Miller, Edwin H. *Walt Whitman's Song of Myself: A Mosaic of Interpretations*. Iowa City: University of Iowa Press, 1991.

Rich, Adrienne. "Beginners." *The Kenyon Review*, New Series, Vol. 15, No. 3 (Summer, 1993): 12-19.

Williams, C. K. *On Whitman*. Princeton: Princeton UP, 2010.

Zapata-Whelan, Carol M. "For You O Democracy." *The Routledge Encyclopedia of Walt Whitman*. Eds. J. R. LeMaster and Donald D. Kummings. New York and London: Routledge, 1998.

* 번역 저본으로는 반스앤노블의 『Leaves of Grass: First and Deathbed Editions』(2004)를 사용했다.

* 이번 개정증보판에 추가한 시는 W.W. Norton & Company의 1968년판 『Leaves of Grass: Comprehensive Reader's Edition』을 번역 저본으로 사용했다.

연보

월트 휘트먼

1819년 5월 31일 뉴욕 롱아일랜드에서 태어났다. 아버지 월터 휘트먼은 목수였으며 어머니 루이자 밴 벨소는 가정주부였다.

1823년 뉴욕 브루클린으로 이사를 가서 1830년까지 공립학교를 다닌다.

월트 휘트먼의 생가.

1830년 변호사 사무실과 개인 병원의 사환으로 일한다.

1831년 《페이트리엇》과 《스타》 신

1819년 『모비딕』 『필경사 바틀비』의 저자 허먼 멜빌 탄생.

1824년 영국 시인 로드 바이런 사망.
1826년 토머스 제퍼슨, 존 애덤스 사망.
1827년 에드거 앨런 포 시집 출간.
1828년 웹스터 영어 사전 출간. 문호 레프 톨스토이 탄생.

1830년 12월 10일 미국 시인 에밀리 디킨슨 탄생.

문사의 인쇄 견습공으로 일한다.	1832년 휘트먼이 찬탄한 독일의 문호 괴테 사망. 뉴욕시에서 콜레라 발발.
1835년 뉴욕의 인쇄소에서 일한다.	1835년 마크 트웨인 (본명 새뮤얼 L. 클레멘스) 탄생. 프랑스 정치학자 알렉시 드 토크빌의 『미국의 민주주의』(1835, 1840) 출간.
1838년 《롱아일랜더》라는 주간지를 발행한다.	1840년 영국의 소설가 토머스 하디 탄생.
1841년 뉴욕시의 《뉴월드》 신문사 식자공으로 일한다. 민주당 운동가로 활동한다.	
1842년 뉴욕시의 신문사들에 기고하고, 단편소설들과 『프랭클린 에반스』라는 소설을 출간한다.	
1845년 브루클린으로 돌아가 《스타》에서 일하다 《브루클린 이글》로 옮겨 간다.	 1848년 카를 마르크스와 프리드리히 엥겔스의 『공산당 선언』 출간. 아일랜드의 대기근으로 아일랜드인들이 대거 미국으로 건너간다.

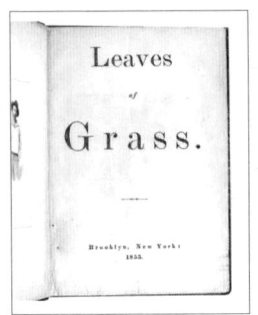

1851년 허먼 멜빌의 『모비딕』 출간.

1855년 「나 자신의 노래」를 비롯해 12편의 무제시로 구성된 시집 『풀잎』을 자비로 출판한다. 7월에 아버지가 사망한다. 랠프 월도 에머슨이 "기지와 지혜로 충만한 놀라운 시"라며 『풀잎』을 호평한다.

1856년 독일 정신분석학자 지그문트 프로이트 탄생.
아일랜드의 극작가 조지 버나드 쇼 탄생.

1856년 『풀잎』의 개정증보판을 출간한다. 여기에는 기존의 시에 「브루클린 페리를 타고(Crossing Brooklyn Ferry)」가 추가되고, 에머슨의 편지와 휘트먼의 답장이 포함된다.

1857년 귀스타브 플로베르의 『마담 보바리』 출간.
샤를 보들레르의 『악의 꽃』 출간.

1859년 찰스 다윈의 역작 『종의 기원』 출간.

1860년 섹스와 동성애를 다루는 시들을 포함하여 『풀잎』의 두 번째 개정증보판(3판)을 출간한다. 휘트먼은 이후로 섹스 문제에 대해 침묵한다. 1866-1867년에 걸쳐 낸 개정판에는 그런 요소들이 보이지 않는다.

1861년 남북전쟁 발발.

1865년 미국 내무부 직원으로 일하다 해고된다. 『풀잎』(3판)의 스캔들 때문인 것으로 추측된다. 링컨 대통령의 죽음에 대한 일련의 시 『북소리와 후편(Drum-Taps and Sequel)』을 출간한다.

1867년 『풀잎』(4판)을 출간한다.

1870년 『풀잎』(5판)과 『민주주의의

1865년 톨스토이의 『전쟁과 평화』 연재 시작(1869년에 단행본으로 출간). 톨스토이는 휘트먼 시집의 러시아어 번역서를 탐독했다.
루이스 캐럴의 『이상한 나라의 앨리스』 출간.

1866년 표도르 도스토예프스키의 『죄와 벌』 출간.

전망(Democratic Vista)』(정치 평론, 서간집)을 출간한다.

1873년 1월 중풍에 걸린다. 5월에는 어머니가 사망한다.

1875년 뇌졸중을 일으키고 부분 마비가 왔음에도 볼티모어에서 거행된 에드거 앨런 포의 이장식과 포 기념비 제막식에 참석한다.

1879년 뉴욕에서 링컨에 관한 첫 강연을 시작한다.

1882년 보스턴에서『풀잎』이 금서로 지정되고 필라델피아에서 재출간된다.

1888년 중풍으로 쓰러진다.

1890년 필라델피아에서 마지막 링컨 강연을 한다.

1891년『풀잎』'임종판'의 판권 등록을 한다(이듬해에 출간한다).

1892년 3월 26일 캠든에서 사망한다. 인근의 할리공동묘지에 안장되었다.

1882년 오스카 와일드가 뉴저지 캠든에 사는 휘트먼을 방문. 두 사람은 금방 친해졌다.

1890년 수(Sioux) 인디언들이 미군에게 대량학살된다. 당시 미국 인구는 6300만 명.

『풀잎』 초판본(1855)과 『풀잎』 3판(1860) — 휘트먼은 1891년 『풀잎』의 임종판을 낼 때까지 평생토록 원고를 수정하고 재편성했다. 1860년 3판에는 섹스와 동성애를 다루는 시들이 포함되나, 이후의 개정판에서는 그런 요소들이 보이지 않는다. 휘트먼은 1865년에 미국 내무부 직원으로 일하다가 해고당하는데 3판의 스캔들 때문인 것으로 추측된다. 1882년에는 보스턴에서 금서로 지정되기도 했다.

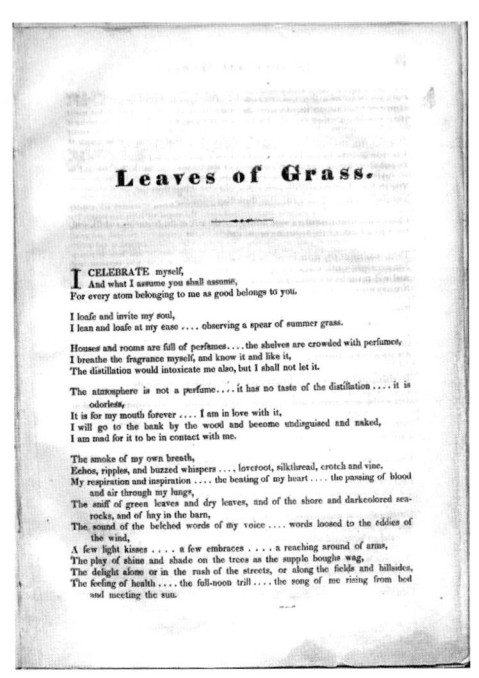

『풀잎』초판본 중 「나 자신의 노래」— 총 52편으로 이루어진 「나 자신의 노래」는 초판본에서 제목이 없었다. 2판에서 제목이 붙었지만 계속 바뀌다가, 1881년 6판에 이르러서야 이 제목으로 굳어졌다. 첫 행의 "나 찬미하노라 나 자신을(I celebrate myself)"은 허먼 멜빌의 『모비딕』 첫 문장 "나는 이스마엘이라고 한다(Call me Ishmael)"와 함께 미국문학의 지평을 바꾸어 놓았다. 이 시는 영시의 전통적 운율 중 하나인 약강오보(弱强五步)의 시행으로 시작하지만, 그다음 행부터는 주제에 따라 행마다 길이와 운율이 자유롭게 펼쳐진다. 전통과의 결별을 분명히 하는 제스처로 보인다.

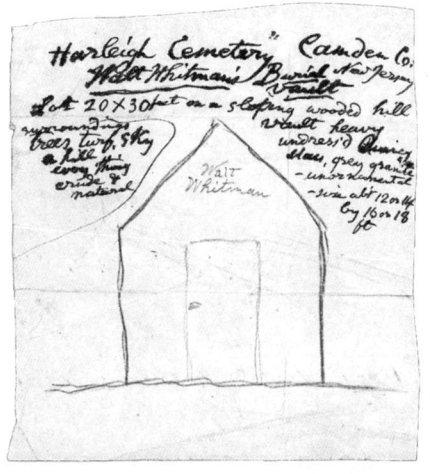

휘트먼이 그린 자신의 무덤(위)과 그의 무덤에 모여든 추도객들(아래).

옮긴이 **공진호**

서울에서 태어나 뉴욕시립대학교에서 영문학과 창작을 공부했다. W. G. 제발트 인터뷰집 『기억의 유령』, 조지 오웰의 『1984』 『동물농장』 『버마의 나날』, 윌리엄 포크너의 『소리와 분노』, 허먼 멜빌의 『필경사 바틀비』, 하퍼 리의 『파수꾼』, 루시아 벌린의 『청소부 매뉴얼』, 제임스 조이스 시집 『사랑은 사랑이 멀리 있어 슬퍼라』, 베르톨트 브레히트 시집 『꽃을 피우는 사과나무에 대한 감격』, 아틸라 요제프의 『세상에 나가면 일곱 번 태어나라』 등 다수의 번역서를 냈다.

바다로 돌아가는 사랑

월트 휘트먼 시집

발행일 2024년 6월 30일

지은이 월트 휘트먼
옮긴이 공진호
번역저작권 © 공진호 2024
펴낸곳 아티초크 (Artichoke Publishing House)
출판등록 제25100-2013-000008호
주소 경기도 성남시 분당구 탄천상로 164, A-303 (13631)
전화 031-718-1357 | **팩스** 031-711-1351
홈페이지 artichokehouse.com

이 책의 전부 또는 일부를 재사용하려면
반드시 번역 저작권자와 아티초크 출판의 동의를 받아야 합니다

ISBN 979-11-86643-19-8 03840